Georges Botet Pradeilles

Nouveaux propos sur le bonheur

Éditions Dédicaces

Nouveaux propos sur le bonheur

Dépôt légal :
Bibliothèque et Archives Canada
Bibliothèque et Archives nationales du Québec

Un exemplaire de cet ouvrage a été remis
à la Bibliothèque d'Alexandrie, en Egypte

Pour toute communication :

Site Web : http://www.dedicaces.ca
Courriel : info@dedicaces.ca

Blogue officiel : http://www.dedicaces.info
MonAvis : http://monavis.dedicaces.ca

Georges Botet Pradeilles

Nouveaux propos sur le bonheur

« Le bonheur est un travail solitaire », J. Giono, *Le hussard sur le toit.*

J'étais dans la nécessité d'écrire sur le bonheur. Personne ne m'en a dissuadé, nul me m'a encouragé à cette aventure. Voici le temps du propos où l'on met ses affaires en ordre et son esprit en paix. Le touchant poète que fut Villon nous laissa ses testaments. Rien ne serait plus doux que de transmettre des parts de bonheur…Mon portefeuille en recèle sans doute quelques unes. Je saurais à qui les confier.
Mais il importe ici davantage que chacun redécouvre les siennes…
Nous reprenons les traces du philosophe de la pensée intime que fut Alain dans une relecture de ces fragments : « Sur le bonheur.. » écrits en 1928. C'est un sujet sans queue ni tête difficile de ce fait à saisir et orienter. Le bonheur est pourtant toujours d'actualité, nous avons même davantage de temps pour y penser dans ce monde peu spirituel mais hyper matérialiste qui semble tourné vers le loisir et la liberté, mais amène à de nouveaux questionnements cruciaux sur l'être et le monde…. Certains trouveront peut-être leur lot dans ces pages.
Si vous rencontrez le bonheur, saisissez le ! Il n'est pas encore imposable …
Georges Botet Pradeilles.

Avec Alain

J'ai retrouvé un exemplaire jauni d'une œuvre de ce philosophe qui s'adonna à transposer son enseignement en propos sans prétentions, au fil des moments et des humeurs, comme des réflexions quotidiennes entre amis sur la vie, nos ressentis et nos envies de partages…

Ainsi Alain écrivait sur le bonheur et l'éducation… A chacun d'en faire ensuite à son gré sa théorie et sa pratique pour son édification ou sa gouverne.

J'avais lu cela dans ma jeunesse lorsque mes grands parents vivaient encore. La simplicité et la profondeur de ces propos sur le bonheur me donnaient cette juste mesure humaine dans un temps où les principes, les valeurs et les convictions tenaient ferme chacun dans son rôle familial, son activité et son engagement social.

Mes souvenirs me restituent maints moments heureux dans de petites choses banales et ce fil des jours que l'on prenait souvent plaisir à dérouler sans hâte en acceptant sans souffrance ni récriminations les contraintes tellement naturelles des rites et des corvées… Et en respectant ces positions adultes souvent sans complaisance qui nous rabattaient sur notre état d'enfant. Elles avaient probablement leurs raisons pertinentes et nécessaires.

Chacun vivait ses joies et ses chagrins de façon intime sans souci d'aller en chercher d'éminentes causes sociales au-delà de la petite histoire personnelle qu'il vivait. La plainte et la critique n'étaient pas de mode. Lorsque cela s'entendait parfois, les raisons en étaient graves et fondées par de vrais manques de dignité ou de respect d'autrui…

Les deuils, les naissances, les évènements qui faisaient chronique de notre rue, nous rapprochaient dans une communion oubliée aujourd'hui dans nos vies agitées, contraintes et formelles… Les situations sont toujours là mais le ressenti en est plus faible… On vit maintes choses humaines dans le registre des obligations.

Peut-être le bruit du monde est-il devenu trop fort. Trop de stimulations nous accaparent pour nous laisser à l'essentiel. Dans mes souvenirs, que je retrouve parfois, tout était sensible dans le détail et chaque moment savait susciter des émotions qui pouvaient se partager.

Ce n'était pas un monde paisible et sans conflits. Nos querelles d'adolescents étaient violentes, on n'hésitait pas à s'empoigner, mais on mettait presque aussitôt la même énergie à des rapprochements inconditionnels dans quelque nouvelle aventure imaginaire qui prenait corps et nous emportait ou que seulement nous rêvions…

Les sottises, les provocations, les chapardages nous réjouissaient. Ils étaient sans innocence et parfois d'une belle audace, mais c'étaient plus des transgressions malicieuses que ces dérives oisives et quelquefois agressives de jeunes en défaut de sens qui questionnent aujourd'hui nos sociétés sur leurs fondements mêmes…Où sont ces adultes rassurants qui savaient nous poursuivre pour nous mettre un vigoureux coup de pied aux fesses ?

Il y avait des hommes et des femmes prompts à comprendre et à châtier. Ils savaient rire de tout et n'étaient pas minés de craintes insidieuses. Nous regardions le monde et nous savions qu'un avenir nous était destiné.

De ce temps on travaillait sans mesure. On se révoltait parfois. Les grèves n'étaient pas ces manifestations d'une journée ou visant de points sensibles du fonctionnement de la Société. Les conflits étaient des affrontements rudes où l'on sentait que rien n'était formel. La domination n'était pas plus sournoise que la revendication. On y sentait le muscle à respecter sous l'affirmation du droit. Nous étions loin de ces molles parties de poker social tricheur auxquelles on assiste aujourd'hui.

Nous étions vaillants et nous aimions que l'on fasse appel à nos forces neuves. On pouvait nous faire travailler à quelque bricolage pour quatre sous ou même rien. Aider le père ou voisin à la pelle ou au seau était naturel. L'activité adulte nous paraissait estimable, l'idée d'être exploité ne nous saisissait pas lorsque l'on était mobilisés pour une journée ordinaire de tâcheron ou de vendangeur...

Exercer notre esprit nous semblait naturel. Le redoutable rituel du certificat d'études avec la dictée quasi parfaite et les problèmes qu'il fallait justes ne nous effrayait pas plus que ce service militaire dans quelque garnison de l'est avec des Bretons, des Corses, des Antillais et des Auvergnats qui nous donnaient notre premier usage extérieur du monde...

Le bonheur ? On ne le saisissait pas toujours, mais on le savait à portée de main.

En fait on n'y pensait même pas. La première fille qui nous regardait avec cet intérêt qui fait la force féminine sidérante nous le faisait tomber dessus par surprise. La première déception nous le reprenait.

On grandissait vite. Avec le premier emploi, la carte d'électeur, le club sportif, la motocyclette on se retrouvait bientôt adultes avec les copains.

A vingt ans nous étions follement riches d'espoir...

Nous écoutons aujourd'hui nos fils dans ce monde bien plus développé et nous saisissons un doute dans leurs propos. L'espérance et la conviction se sont altérées, peut-être par l'abus de biens, d'attentions et de langage calculé qui sature sans cesse sans jamais combler.

Jamais l'espèce n'a été aussi libre et peu menacée. Mais l'esprit inquiet de notre temps amplifie les menaces climatiques, étrangères, économiques. Tout fait prétexte à l'entretien d'une psychose collective sur la sécurité. Chacun aspire à être mis dans ses droits de confort et de satisfaction correspondant à un état humain standardisé. Il faut que quelque institution y pourvoit... Elles prétendent certes pourvoir à tout. Tout est de droit, c'est ce qui s'affirme dans les professions de foi politiques à visées électorales.

Aragon disait de la jeunesse : « Sans droit que d'être » avec les merveilleuses dynamiques que peut inspirer le désir naissant d'exister.

Ce qui relevait jadis de l'effort personnel, de l'intelligence, de l'assiduité, des fidélités dans les engagements s'éteint dans les protections, les sollicitudes, les minorations rationnelles des exigences. Le déclin des défis, des jeux, des confrontations, des dépassements, des rivalités, des conflits, fait craindre que nous allions vers une société aseptisée. L'égalité est source d'ennui pour l'humain. Il lui faut des dépassements. Où il y a trop d'hygiène, il n'y a pas de plaisir disait un ami malin et subversif...

Mais tout cela n'est qu'illusion. Les rapports de force et de violence demeurent. On les sent sournois et d'autant plus destructeurs qu'ils ne sont jamais nommés…

Le meilleur des mondes modernes est probablement pervers et hypocrite. Nous le savons tous mais personne n'en dit rien… Jadis les gens étaient convenables car ils avaient une éducation et une foi. Maintenant ils le sont davantage par lâcheté, conformisme et souci de correction politique…

Comment être homme aujourd'hui ? En consommant davantage, mieux, et en travaillant moins ? On sent là s'ouvrir le gouffre d'une vacuité absurde pour une espèce qui migrait souvent, souffrait de la faim, gardait peu d'enfants en vie, travaillait dur, mourait jeune, s'engageait dans des rivalités violentes finissant en guerres exterminatrices… Ce qui ne permettait que de mieux tomber en amour et en amitié dans les pauses…. Que faire s'il ne faut plus défricher les collines, traverser les mers, affronter farouchement l'ottoman ou le viking ?

Le bonheur a perdu sa capacité à surgir naturellement au hasard du chemin. Il redevient une préoccupation philosophique. Elle serait même aujourd'hui pressante. Tranquille et protégé ne veut pas dire heureux. La quiétude est bonne mais ennuie vite. Le mieux être demande une épreuve plus physique que la réalisation d'un besoin spirituel.

La question du bonheur est l'une des plus mystérieuses qui soit. Le bonheur demande une transcendance émotionnelle des actes que l'on ressent intimement parvenus à leur fin exacte.

S'agit-il d'une quête volontaire vers une prescience du bien-être ou est-ce l'espoir d'une rencontre improbable et quasi magique d'un destin, d'un être complémentaire ou d'une perfection ?

Par quels moyens ou quels objets atteint-on cet état enviable ?

Quel lieu paradisiaque ou quelle compagnie exquise sauraient parfaitement nous combler ?

Cet appétit d'instants parfaits, d'une nature différente à celle des besoins, sera-t-il satisfait par l'abondance des biens étonnants et des services que sait créer quasiment en tout lieu notre monde industrieux?

Tous ces désirs qui naissent sans cesse de voir, de tenir, de jouer avec de nouveaux objets, d'aller partout et de tout savoir, sauront-ils être exaucés dans ce meilleur monde à venir qui prétend s'appliquer à tout dispenser équitablement à tous ? Cette fuite en avant est-elle le bonheur ?

Le monde, voire même l'Univers, est à portée de nos sens par l'image et le son. On peut même faire l'économie du lent effort studieux de la lecture, de la redécouverte des sens au travers de notre histoire… On peut traiter de tout sans les patientes quêtes de la réflexion et de l'échange dans de vraies rencontres avec l'autre.

Les idées reçues, les solutions radicales, les propositions aimables et les objets fascinants circulent sur tous ces canaux virtuels accessibles en quelques clics…

Cette profusion matérielle quasi immédiate de bienfaits prétendument apaisants ou stimulants va-t-il répondre à nos goûts et nos impatiences ? Est-ce là le bonheur ?

Il fallait jadis beaucoup de temps pour se faire reconnaître, construire, devenir, comprendre et partager. L'activité va aujourd'hui droit à ses buts par des efficacités technologiques excluant la part de l'homme en le détournant de l'effort et de la patience qui le constituent. On fait l'économie de cet essentiel de la satisfaction qu'était le plaisir de mener le corps et l'esprit sur le cheminement lent qui lui convient mieux. Les animateurs de circuits où l'on voyage en compagnie des ânes savent les troubles de l'humeur qu'ont ces animaux lorsqu'on essaye d'accélérer leur rythme dans un souci de rentabilité…

On ne peut pas plus changer les cycles des êtres que celui des saisons.

Mon voisin avoue avoir mis dix ans pour savoir correctement jardiner. Il y trouve probablement son bonheur, ses légumes en témoignent.

Mes premiers jouets étaient des mécanos, des trains, de petites voitures qui me préparaient aux objets adultes. J'en prenais grand soin. Il fallait durer dans ce temps nécessaire du jeu qui doit construire et épuiser sa magie.

Chez mes petits enfants tout se disperse et devient rebut dès le mois suivant Noël.

Qui suis-je maintenant ? Le sujet en moi dont je garde des traces connaissait quelques petits secrets pour accéder à ses joies profondes. Recoins et cachettes me fournissaient d'infinies ressources imaginaires. Je rêvais souvent de prochaines aventures. Et je me réservais des rendez vous amoureux dans le temps dans une complicité fidèle avec mes objets et mes camarades…J'avais même une compagne unique et merveilleuse que me promettait le destin… Que reste-t-il de cela ?

Chacun devient lui-même un objet dont on pourrait afficher les références et la valeur monnayable sur le marché aux ressources humaines. Rien n'est plus simple que de se mettre en vitrine sur le forum grouillant de l'Internet. On saurait même par quelques habiletés spéculer et faire varier son cours comme l'un de ces titres de bourse que l'on joue au grand poker menteur de l'économie.

La télévision nous ouvre une fenêtre permanente sur tous les mondes possibles que guettent nos curiosités et nos fantasmes. Le leurre du marketing pêche partout les désirs égarés...

Le téléphone porte en tout lieu à nos oreilles la voix de tous nos amis anciens ou nouveaux. La médecine trouve causes et remèdes à nos moindres maux, du moins elle le prétend avec une belle assurance.

Es-tu heureux ? dit la mère à l'enfant paré, gavé, que l'on promène comme une icône...

Le monde est généreux pour ceux qui y sont bien nés. Il est aussi impitoyable.

Qui ose dire : « Je ne sais pas... », « Ce n'est pas possible... », « Pas maintenant... » ?

Que l'on refuse un progrès merveilleux dont on n'ait pas envie, l'entourage s'inquiète de quelque maladie secrète...

Cent nouveaux livres par mois nous donnent les clefs du bonheur et de l'efficacité qui semblent nécessairement aller de pair. L'être nouveau est aimable, fort et confiant. Il sait résoudre tout doute ou conflit par la réflexion et le dialogue. Il connaît par la presse et l'école les manières de se ressourcer le corps et l'esprit.

A-t-on une curiosité, un souci de savoir, une envie de promotion ? Mille enseignements proposent leurs secours. Les connaissances volent vers la science, la haute technologie et le savoir marchand qui se répand partout.

La mort elle-même est prise discrètement en charge par l'accompagnement professionnel en savoir faire compassionnel et compétences en thanatopraxie. Une convention obsèques permet l'effacement discret de notre cadavre quasiment sans gène pour notre descendance et nos proches. En vieillard raisonnable nous avions déjà commencé notre effacement dans une fort convenable maison de retraite.

Les familles sans ancêtres, sans anciens, renouvellent le mobilier et échangent les partenaires du moment au fil des irritations domestiques. Les émotions du sexe se vulgarisent par l'instruction aux meilleures pratiques. Elles diffèrent finalement peu de ces soins que l'on va chercher chez le kinésithérapeute ou le coiffeur.

Tout est pour le mieux dans le meilleur des mondes possibles faisait dire Voltaire au Docteur Pangloss en philosophe de l'avenir raisonnable, maîtrisé et scientifique.

Les enfants d'aujourd'hui sont hyperactifs, mais lâchent leurs projets dès qu'énoncés. Le psychologue dit qu'il faut les écouter, mais ils n'ont rien à dire.

On va certes travailler, mais le défaut d'ambiance, d'envie aussi bien en soi que chez le chef de service suspendant sa présence en attente de promotion, fait parfois sauter dans le vide.

On nous amuse inlassablement. Une paix apparente, mais épouvantablement vide, rend le journalisme quotidien avide de la moindre rixe et du moindre propos diffamatoire. La loupe médiatique traque sans cesse l'insecte incongru. Chaque microbe engage à la tenue d'Etats Généraux de la santé publique. Qu'un politique arrivé n'ayant plus rien à perdre ou gagner lâche, par un laisser aller coupable, un embryon de vérité sur les sujets tabous et l'Etat entier frémit. Que deviendrait l'information sans les assassins, les délinquants et les tricheurs ?

Pour paraître il faut pratiquer l'immodestie. Etre relativement honnête, courageux et indifférent aux avis de chacun et de tous met à l'écart de la vie publique. Les fonctions responsables échoient dans ce jeu à ceux qui font le plus de bruit….

On voit devenir notables et Présidents ces esprits avides de paraître auxquels on hésiterait raisonnablement à confier ses enfants et son bétail…

L'incertitude du monde et les défenses concomitantes croissent à proportion de cette dérive vers l'universalisation de la médiocrité.

Les organisations et les individus se bardent de précautions de principe. La carte d'un avocat, et parfois celle d'un thérapeute, demeurent à portée de main comme celle du garagiste.

Mais la Société se veut bonne. Maints organismes sociaux veillent à ce qu'il ne nous soit fait nul dommage. Il devient même difficile de se nuire à soi même dans le ruissellement permanent de bonnes intentions de nos politiques soucieux de leu éligibilité. Le bonheur de dormir sous un pont dans un bel état d'ivresse auprès de son vieux chien entre des hardes odorantes n'est plus vraiment permis.

L'état s'endette infiniment pour nous contenter tous. La cotisation et l'impôt ne suffisent plus aux sécurités ordinaires… Les caisses qui dédommagent de la maladie et du vieillissement s'essoufflent à pourvoir à tous ces secours qui nous sont devenus naturels et légitimes, bien qu'insuffisants. Cela épargne aux enfants le devoir d'assistance qui liait les générations passées. Ils peuvent mieux vaquer à leurs soucis égocentriques…

Qui nous ramène à notre destin humain précaire d'Homo seulement sapiens que nous assumions vaillamment depuis plus de cent mille ans avec courage, initiative et intelligence ?

Nous n'avons même plus de ces guerres probatoires où il fallait affirmer mortellement notre nationalisme, nos mérites et nos droits… Notre seule légion est étrangère. Si l'un de nos militaires meurt dans ces conflits improbables aux confins du monde pérenne et civilisé, il ne peut s'agir que d'une erreur coupable du commandement.

Le bonheur est sans doute à portée de main par tout l'appareil commercial anticipant tout besoin et envie et les créant à l'occasion. Nous sommes prémunis par les assurances et nos droits sociaux des avatars et des risques ordinaires de nos vies réglementées. Nos cartes d'appartenance en attestent.

Les dominants ont consenti à restituer une partie des gains abusifs qu'ils avaient confisquée. Mais ils sauront - n'en doutons pas - se dérober pour donner davantage. Nous votons, nous voyageons, nous bénéficions du paradis des congés payés et des retraites…

L'idéal de l'enfant en nous va enfin découvrir son château magique et ce jardin merveilleux concrétisant ses rêves imaginaires. Cela pourrait se faire sans trop de peine. La société technologique comme l'école pour tous nous impose infiniment peu de devoirs. Mais serons nous satisfaits ?

Ce bonheur que nous dérobions jadis à la réalité difficile, aux prédateurs ordinaires et aux autorités sans complaisance, il va falloir maintenant l'inventer…

Faute d'objet merveilleux où il puisse transcender magiquement son imagination et sa volonté d'être, l'enfant d'aujourd'hui se saisit d'une nouvelle inquiétude lorsqu'il grandit. Où sont ces proches dont le regard confirmerait un indéfectible et éternel amour ? Où sont ces limites sûres qui lui montreraient l'insuffisance de son état et les efforts à faire pour advenir dans le monde adulte ? Quelle parole saurait lui donner sens ? De quel héritage pourra-t-il bénéficier ? Où chercher ces signes indiscutables d'intelligence avec autrui dans nos affaires ?

Il faut alors douter de notre place dans un monde qui nous accable de biens superflus et de sollicitudes formelles mais qui ne nous désire pas vraiment.

Ainsi les sociétés sont comme ces bons parents qui ont « tout fait », mais n'ont pas dispensé les petits signes affectueux et opportuns exacts et nécessaires qui signifient le lien. Ils se lamentent de l'état problématique de leur progéniture comblée de bienfaits matériels. Pour être heureux le « tout » formel ne suffit pas. Le davantage de jouets et de tolérances n'entraîne pas davantage de sérénité mais multiplie l'inquiétude latente que trahissent les caprices…

Les meneurs d'hommes des organisations et les psychologues appelés en secours rencontrent des enfants qu'aucune rude épreuve initiatique n'a rendus adultes.

On s'étonne de trouver parfois quelqu'un qui s'avère responsable en son nom propre sans clamer sa disgrâce et prendre le ciel, l'Etat et chacun, à témoin des difficultés à affronter et demander réparation des dommages subis …

Œdipe découvrait cruellement qu'il lui fallait sortir du paradis de l'enfance. Il savait pourtant par sa rencontre avec le Sphinx et l'énoncé de son destin que l'homme était orphelin, quoi qu'il fasse et qu'on lui dispense, dans ces espaces imaginaires où il errait entre la nostalgie du sein et les rambardes de la loi… La mère interdite et le père devenu étranger imposent d'autres hasards amoureux. L'étreinte maternelle fusionnelle et l'embrassade virile du père qui adoube sont des fictions perdues que l'on porte en son inconscient. Il est vain de vouloir les entretenir aujourd'hui dans une quelconque réalité.

Au terme d'une longue démarche intérieure on peut en construire certaines métaphores faisant repère dans le monde futile qui nous emporte. En sachant toutefois bien que ces images idéales sont à garder dans le portefeuille. Trouver compagne, compagnons ou ami dans nos aventures n'est pas si facile…

On peut s'associer à des semblables, hommes ou femmes, pour un bout de route. Avec la venue de l'esprit cet accompagnement peut être aimable sans accabler cette altérité d'attentes et de caprices.

Il faudra certes encore s'illusionner dans les pratiques de savoir, dominer et séduire. Leur recours balise le chemin. Il ne faut pas s'en leurrer. S'en satisfaire en s'y donnant quelques habiletés nous donnera des trophées. On se glorifiera parfois d'un but hasardeux atteint par ce mélange de perspicacité et de chance qui gouverne les affaires humaines.

Mais être heureux ?

L'horoscope quotidien ou hebdomadaire nous le dit bien. Il faut croire et espérer. Peut-être même avoir en permanence un lieu et un témoin pour en faire l'authentification

Le bonheur dans tous ses états

L'attente

« Qu'attendais-tu de plus, quel sort, quelle aventure, quelle gloire à toi seul, ou quel bonheur volé ... » (Aragon). Le merveilleux poète sait bien que rien n'est acquis à l'homme, mais que tout lui est promis. Il attend son heure et ce qui viendra le combler. Chaque enfant s'imagine un destin merveilleux. Le monde est empli de rencontres amoureuses et de butins somptueux. L'attente naïve du bonheur est dit-on un état heureux qui dépasse en émotion tout ce qui pourra advenir dans la réalité.

Il se disait au temps des rencontres furtives que le moment parfait de l'amour était celui où l'on montait l'escalier. On savoure la quintessence d'un évènement dans la veillée qui le précède... Les suites ne sont jamais garanties.

Cette dimension humaine de l'espoir nous constitue. Qu'elle nous quitte et nous devenons désespérés selon ce mot que l'on emploie spécifiquement pour ceux qui s'ôtent eux-mêmes la vie.

Il y a là une croyance fondamentale. C'est celle du nourrisson qui a acquis la certitude fortifiante que sa mère revient toujours. C'est celle de la femme de l'ogre Barbe Bleue mettant sœur Anne à la fenêtre. Il est nécessaire que quelque chose vienne à son secours par cette route blanche qui poudroie sous le soleil. L'espoir est toujours violent.

Mais l'attente peut être bien plus modeste. On traverse le froid de l'hiver en rêvant aux jeux dans l'eau de l'été sur la plage. Puis sous la canicule on repense aux plaisirs de la neige de l'année suivante... Elle peut aussi être extrêmement folle. Une promise délaissée peut attendre éternellement sa noce devant la salle désertée de son mariage. Certains fréquentent les gares assidûment et hors de propos en attendant le train qui les conduira vers l'aventure...

« Un grand obstacle au bonheur c'est d'attendre un trop grand bonheur » disait Fontenelle. Il a vécu cent ans. Nul ne sait s'il est parvenu à être heureux. Mais peu d'entre nous sont aussi patients.

Sur le thème de la promesse du bonheur il faut ici citer un proverbe Persan : « Le seul bonheur consiste dans l'attente du bonheur ». Effectivement les Persans n'ont jamais eu de chance depuis l'Antiquité ou les Grecs prenaient régulièrement le dessus. Ils avaient pourtant découvert avant nos prophètes cette religion Zoroastrienne où le bonheur se confondait avec le juste et le bien. C'est pourquoi ils regardaient attentivement les folies chez les autres comme nous l'indiquait Montesquieu dans ses « Lettres Persanes ». La Perse est sans doute le pays où la poésie est parvenue à son plus haut degré d'élaboration. Mais depuis quelques décades cette patience s'est perdue.

Les Persans ne font probablement pas partie des peuples élus qui attendent d'être proclamés dans leur gloire Ceux d'entre eux qui s'appliquent dans cette voie nous ont rappelé le goût puissant des guerres de religion, le bonheur qu'il y a à être martyr et la jouissance qu'il y a à s'en défendre par les moyens les plus vigoureux. On entre là dans cette difficulté qu'il y a à réaliser des bombes atomiques. Boris Vian, dont l'oncle en construisait dans son garage en amateur éclairé, nous avait déjà chanté cela…

Dans ces attentes pleines d'espoir et passionnées, on ne rencontre pas que cette foi dans un futur promis. Il y a aussi le versant prédateur de l'homme. Aragon accole le qualificatif « volé » à bonheur. Il n'y a pas de hasard dans ce terme. Ce qui nous est destiné va demander de notre part cet appétit d'appropriation qui va nous permettre de l'arracher à la réalité. Le bonheur est probablement transgressif par sa part de jouissance … Le cambrioleur espère son butin avec une impatience qui va l'engager aux récidives perpétuelles. En prison il évoquera avec bonheur son prochain coup…

Le bonheur n'est pas dans les objets toujours contingents et improbables du désir, il est dans la tension préalable qui nous détermine à leur conquête… Il faut quand même que quelques signes précurseurs nous annoncent les rendez-vous amoureux avec l'objet rêvé, la promotion aussi décisive qu'inattendue, ou cet objet de rencontre qui nous a vaguement souri…

Si rien n'est en vue, il va falloir souffrir d'un manque quasi structurel. Le secours de quelque adhésion à une communauté ou une confrérie va alors nous amener vers ces autres qui vont peut-être étayer notre désir défaillant faute d'une croyance suffisante en un désir autre. Cela saura faire prothèse …

A l'extrême, prendre rendez-vous avec un thérapeute va restaurer l'attente transcendantale dans ce transfert qui va nous mettre en haleine par l'échange virtuel avec qui est supposé savoir où l'on se reconstruit par la parole.

C'est le dernier garde-fou avant le moment où l'on n'attend vraiment plus rien et que le néant deviendra lui-même objet de désir…

Du temps de la religion le bonheur était de se préparer ici-bas à la béatitude éternelle auprès du Seigneur. Cette attente-là est révolue, notre idéalisme s'est orienté vers les prises d'intérêt matérielles. Il faut augmenter sa valeur visible par davantage de pouvoir, de savoir et de séduction…Le bonheur ultime serait-il de s'afficher magnifiquement à la télévision, ce nouveau paradis ?
Mais il s'agit probablement là d'une illusion dans un monde sans foi. Le bonheur accroché au petit écran est l'ultime leurre… Notre univers voué à l'image nous permet peut-être seulement d'avoir l'air heureux… C'est un idéal simple auquel beaucoup de nos contemporains s'appliquent.

L'apparence

Jules Renard nous renvoie à cette restauration de l'authenticité de l'intime :
« Le bonheur, c'est d'être heureux, ce n'est pas faire croire aux autres qu'on l'est. »
Subtil et fondamental paradoxe. Est-il soutenable ?
Croire et laisser croire sont d'un voisinage troublant. Que serait-on sans le regard d'autrui pour nous authentifier ?
« J'suis pas heureux, mais j'en ai l'air » chante le ténor de Starmania, businessman en pleine réussite qui aurait voulu être un artiste… Robinson avait réalisé sur son île déserte un monde parfait correspondant à ses capacités et son imagination. Mais qu'est un bonheur insulaire dont on ne parle pas en ville ?
Une cabane où personne ne vient jamais et un Vendredi docile comme personnel de maison ne rendront jamais quiconque admiratif, envieux et jaloux… Etre heureux en soi et hors du monde est sans doute un art difficile. Bouddha et Jésus eux-mêmes ont eu un fort souci de prosélytisme…
La publicité, la propagande et le moindre hebdomadaire populaire nous démontrent sans cesse que le bonheur avéré s'affiche. S'afficher ainsi ce serait donc être heureux.
Pour vivre heureux vivons caché, disait jadis la sagesse populaire. Mais peut-on demeurer obscurément ainsi dans ce temps de surenchère

ostentatoire de façade qui proclame l'image irréfutable du bonheur ? Le moindre hebdomadaire nous en fait la démonstration.

Quelle chance aurait le candidat à une élection ou le postulant à un emploi sérieux qui ne ferait pas belle figure selon les canons manifestes de la sérénité ?

Seul le Dirigeant d'un Etat Sud Américain se montrait au balcon et criait à la foule : « Je suis le Président fou ! ». Tous l'acclamaient en sachant que c'était vrai et que s'il n'était pas le meilleur, il n'était pas le pire. En tout cas il ne se prenait pas pour ce qu'il n'était pas.

Chacun sait pourtant ce qu'il est au fond de lui. Il faudrait choisir : le bonheur d'être en son propre état reconnu ou celui du bonheur de parfaitement mentir. En fait les deux se confondent parfois.

C'est la duplicité de la nature humaine...

La jalousie

« Les gens ne connaissent pas leur bonheur, mais celui des autres ne leur échappe jamais » (Pierre Daninos). Ces signes d'opulence, de sérénité et de bonne humeur que l'on voit sur l'autre nous font nécessairement défaut. Le bonheur d'autrui est insupportable. Il y a là obscurément une jouissance secrète et merveilleuse dont on nous prive par une malice sournoise et probablement mal intentionnée. L'esprit humain est plus apte à saisir ce qui lui fait défaut ou qu'on lui dérobe qu'à user de ce qu'il a. C'est cette jalousie qui met en appétit de puissantes revanches. Il va falloir mieux se parer, rouler meilleur carrosse et revenir savant des Indes pour se mettre en concurrence équitable de qui se prétend heureux pour nous narguer. De voir à autrui un visage lisse empreint de douce quiétude pousse même à vouloir faire retendre sa propre peau.

Mais c'est la richesse qui fait le plus d'envie. Elle est confiscatoire.

« L'argent des uns n'a jamais fait le bonheur des autres » disait Pierre Dac.

Merveilleux principe à inscrire au fronton des écoles d'économie. L'expérience ordinaire nous rend cela sensible. Les Etats tentent certes par l'impôt de redistribuer le profit excessif des nantis et des audacieux, voire des besogneux, aux déshérités, aux modestes, aux malchanceux et aux peu entreprenants.

Mais le privilégié ne considère jamais ses avantages, qu'ils soient usurpés ou rudement acquis comme démesurés et distribuables. Le désavantagé ne jugera jamais suffisante la compensation sociale qu'on lui attribue d'autant plus qu'elle est le fait de l'Etat qui joue au Tiers généreux pour des raisons éminemment électorales. On voit là l'infinité des jeux pervers qui peuvent se développer au nom du souci social. C'est bien pour cela qu'il est difficile de concevoir des Sociétés équitables. Le profit est comme le désir et la beauté, cela se partage peu.

Prenons aux riches ont dit les utopistes. On fit pour cela des révolutions. On fonda même des états sur le principe de l'abolition de la propriété privée. Il n'est plus resté que des pauvres pataugeant dans les oligarchies administratives que générait le système, ce qui fait de mauvaises sociétés, n'en déplaise globalement à l'aimable et défunt Georges Marchais dont on regrette infiniment le surréalisme en politique.

La Révolution Française, parmi maints excès de zèle idéologique, promettait modestement un meilleur avenir au paysan, au compagnon, à l'artisan et au boutiquier... La modernité ne conçoit que les grands profits, les grands travaux et les grands capitaux.

Cela ne fait même pas le bonheur des financiers portés aux altitudes vertigineuses où le plaisir n'a plus de dimension ni de sens, mais de l'argent lui-même qui s'acharne en quasi autarcie à son cumul comme les brontosaures stupides accroissaient leur masse en broutant sans cesse.

Ces systèmes ont-ils un avenir ?

Le sens ordinaire suggère que les fortunes avisées trouveront des Iles de plus en plus sûres et les déshérités impuissants recevront des gratifications de plus en plus mesquines.

Les Etats sociaux et démagogues, ruinés par le souci absurde de vouloir satisfaire des majorités électorales versatiles, seront réduits à imprimer cette monnaie virtuelle dite jadis « de singe » ce qui promet maintes crises dans l'effondrement des cycles absurdes et illusoires de production et de consommation excessives. Mais nos cousins primates savent bien que seule vaut la banane que chacun tient. Cette philosophie permet de s'épouiller en toute quiétude entre babouins heureux ignorant tout des merveilleux pouvoirs virtuels des monnaies. Mais des savants, dit-on, apprennent à une guenon à utiliser des jetons dans des distributeurs de gourmandises. Elle fait la belle pour obtenir ces objets magiques. Elle aurait même pour cela gratté le dos d'un universitaire de renom.

Elle ne cèderait pas cette position enviable pour un empire dans une forêt. Le bonheur c'est toujours un contrat d'exclusivité.

18

La transcendance

« Il suffit peut-être de réaliser quelque chose qui nous dépasse pour accéder à l'au-delà du bonheur » (Noël Audet)... Maints incapables planent au dessus de leur niveau de compétence dans les arts, les affaires et la politique. Heureux, ils ne doutent plus et selon le fameux principe dit « de Peter », rien ne saurait les faire redescendre de leur excellente position.

Un poète Espagnol raconte qu'un âne ayant trouvé une flûte au sol y appliqua les naseaux et en tira quelques sons harmonieux. Cet exploit hasardeux lui donna une belle assurance. Il se mit à toiser ceux de son espèce et lança des ruades au paysan qui prétendait le bâter. Il y a dans cette nouvelle prétention quelque chose du bonheur. Advenir est fort bon et ne peut manquer d'impressionner l'entourage.

Mais le dépassement qui nous concerne est d'une nature souvent plus prosaïque. Mon grand père aimait à s'asseoir dans un petit fauteuil d'osier assez joli et solide qu'il avait tressé lui-même durant un long hiver de patience. Le voir s'installer là, le visage apaisé, donnait une idée plus juste du bonheur.

Je me suis surpris moi-même à surmonter ma paresse pour tailler certains arbres dont j'avais négligé de régler la croissance en respectant l'harmonie des proportions. Cette œuvre m'apporte une satisfaction que je ressens comme un petit bonheur. L'ordre de l'Univers me semble amélioré par l'effet de mon sécateur.

La relativité

« On n'est jamais si malheureux qu'on croit, ni si heureux qu'on avait espéré » (La Rochefoucauld). Mais comment supporter de demeurer serein entre les deux états avec les seuls outils de la croyance et de l'espoir ?

Entre les désastres qu'on nous inflige et que l'on se plait à amplifier et ce bonheur espéré qu'on nous refuse il faut beaucoup de talent pour seulement être bien dans sa peau...

C'est pourquoi il est si difficile de s'occuper de chacun quoi que l'on fasse. Il en sera rarement satisfait. Il ressent le mal qui l'accable inexorablement et le bienfait consenti sera insuffisant... Sur un dur chemin de randonnée je rencontrai pourtant un jour cet homme dont un pied était couvert d'énormes ampoules qu'il tentait de soigner. Je m'approchai de cette souffrance. Il sourit et me dit : « Mais l'autre pied est impeccable ! ». Nous avons marché ensemble plusieurs jours. C'était un formidable compagnon de route.

L'état humain ne peut s'énoncer de manière honnête et pondérée. Le : « Comment allez- vous ? » de politesse se verra souvent répondre par l'énoncé d'un surcroît d'affliction ou de déception... A moins que l'interlocuteur n'ait de cette ressource de dignité et d'intelligence qui se fait rare... Elle est au-delà de cet état enfantin où l'on courait se faire consoler par les parents.

L'exactitude

Zola pose cela en réaliste.

« La question est de savoir si l'on fera jamais du bonheur avec la vérité ».

Pour être heureux faut-il vraiment savoir ? Les bons thérapeutes savent demeurer obstinément silencieux. Ils gardent le secret propre à toute confession et ignorent tous ces aveux honnêtes et complaisants qui portent en germe la récidive. Plus prudents que les prêtres de jadis ils n'absolvent pas et ne tiennent pas non plus registre des faits et de leur véracité...

Le vrai en soi est peu supportable qu'on se l'avoue ou qu'on nous l'inflige.

La vérité est ce dépôt dans la boite de Pandore. Qui l'ouvre libère l'infinité des maux imaginables et d'autres plus terribles encore inconcevables. La légende dit que Pandore referma cependant la boite après avoir libéré tout le mal et piégeant l'espérance plus lente à émerger.

Ce fond d'espoir qui nous demeure nous rend inquiet, crédule et prompt à rêver.

Lorsque la vérité émerge nue de son puits de sciences exactes chacun s'en effraye vite avec cette certitude que nul ne saurait se rendre maître de la créature. Son acuité de regard nous perce jusqu'aux os. Il vaut mieux faire mine de ne pas la voir. La vérité elle-même se dérobe à nos regards. Elle sait que sa nature profonde l'oppose au monde des hommes. Ainsi Minerve mettait jadis à mort ceux qui la surprenaient nue au bain.

Si la fortune n'est pas nécessaire au bonheur, il est probable que la vérité le contrarie. Il suffit de deux mots exacts pour gâter la journée de quiconque.

Les Athéniens savaient que Socrate avait raison, mais il leur empêchait par cela la jouissance de croire et d'espérer, forts du souvenir de leur passé et déniant leur déclin face aux victoires de Sparte. Il suffit peut-être d'oublier et de fermer suffisamment fort les yeux pour se croire heureux. Le bonheur est indifférent à l'exactitude révélée qui le corrode…

Le souci social

Certains idéalistes d'aujourd'hui considèrent le bonheur comme une nécessité pour tous. Là encore il faut apporter une modulation.
« Promettez-moi le bonheur si vous voulez, mais jurez_ moi qu'il ne sera pas obligatoire » (C… S.D.F.). Magnifique réponse du nouveau cynique au dévoué personnel du SAMU Social. La paix sous ses hardes dans un coin à l'abri du vent et des diligences humanistes suffit peut-être à être heureux. Diogène nous enseignait déjà le caractère relatif du bonheur.
Mais cela ne va pas sans exigences. Il fit s'écarter le Grand Alexandre qui le privait par sa large ombre équestre du chaud soleil matinal…Le futur maître du monde oublia ses questionnements hasardeux et se déplaça pour laisser les rayons caresser le cynique qui ne demandait rien d'autre.

L'harmonie

L'état d'harmonie interne en accord avec l'environnement est une perfection rare. Tout organisme est soumis à des contraintes constantes à fin de pourvoir à ses besoins et à sa défense. Freud disait que le principe de plaisir auquel inclinait notre esprit était sans cesse mis en échec par les contingences. La souffrance était certainement davantage notre lot que le bonheur.
Sauf aux moments suspensifs des trêves, où se suspendent les échanges hostiles et prédateurs. Les guerres médiévales s'arrêtaient quelques jours aux alentours de Noël pour que chacun puisse goûter l'art des confiseurs et des rôtisseurs. C'est là une affaire exclusivement humaine. Le loup ne connaît que la faim comme loi et la survie de l'agneau dépend de la permanence de sa crainte. Seul l'homme sait découvrir et pourrait même créer le temps de paix.

« Le sage sort le soir de sa maison pour aller regarder la mer ou respirer l'odeur des sous bois… ». Ainsi disait un Confucéen anonyme.

Alain nous confirme cette spécificité des moments heureux.

« Le bonheur n'est pas le fruit de la paix, c'est la paix même »

Cela est posé comme les mathématiciens définissent la valeur absolue entre deux traits verticaux. On ne sait comment y entrer ou en sortir. Il faut que quelque chose fasse suspension ou rupture dans les fonctions continues et opérantes en progression ou décroissance qui nous portent dans leur parcours…

La paix en soi est une expérience étonnante. Mais sait-on seulement qu'elle est là à cet instant où on l'éprouve ? Ceux qui ont une certaine pratique diront qu'en ce moment on devient soi-même paix.

Il faut que le corps s'approprie cela. Il y a un besoin de fleurs et d'essences. L'Asiatique et l'Africain connaissent le sens de cette consommation de fumées et de parfums dans un moment suspensif sans violence et sans appétits. De plus même seuls, ils ne sont jamais isolés comme nous le sommes dans nos mondes occidentaux…

La paix est un moment nécessaire à l'humain.

Elle peut être éternelle comme dans cette formule radicale et définitive de : « Repose en paix ». On peut aussi la promettre à autrui et la donner en viatique avec ces formules : « La paix soit avec toi » ou ce : « Va en paix… ». Il faut les entendre comme une puissante absolution amicale. On s'exprime peu ainsi de nos jours.

Mais une réalité inopportune matérielle vient bientôt nous faire réaliser l'imparfait et insatisfaisant état humain par quelque intrusion. Il faut alors reprendre la course pour devenir davantage, être ailleurs ou se prendre pour soi ou un autre.

Cette matérialité nous assujettit au temps et à la pesanteur. Elle engage aux soucis. La densité de l'élément physique toujours immanente nous accable sans cesse.

La paix advient comme rupture. L'esprit ne vient pas là par quelque déni de réalité, il y est transporté sans effort quand la réalité elle-même s'efface par effondrement sous son propre poids devenu dérisoire. Toute paix relève d'une alchimie quasi magique et impensable.

Mais la perfection n'a qu'un temps.

La prudence

« Si vous nagez dans le bonheur, soyez prudents, restez où vous avez pied » (Marc Escayrol, Mots et Grumots, 2003). L'aphorisme paraît seulement plaisant, en fait il est de la meilleure sagesse.

L'état heureux rend vulnérable. Pris par le bonheur, on se noie dans la moindre rivière et on se livre aux roues aveugles des camions. Le voleur vous repère sans hésiter. Chacun s'amuse du benêt sans défenses que l'on devient dans ces instants où le monde est parfaitement beau…

C'est pourquoi il convient que le bonheur soit caché au fond des bois dans de petites cabanes au bord de petits ruisseaux. Avec des complicités avec les chiens, les poules et les lapins. Affichez : « Je suis heureux » sur le coton blanc de votre maillot. L'entourage va rechercher le moyen de vous faire quelque souillure sournoise et prépare le croc en jambe qui vous fera déchoir.

L'effort

Saint-Exupéry nous apporte un élément de compréhension supplémentaire :

« Si tu veux comprendre le mot bonheur, il faut l'entendre comme récompense et non comme but ». Ce petit plus essentiel tombe après la vaillance et l'effort. Il est dans l'après du temps parfaitement rempli.

Le stoïcien le plus farouche et l'obstiné le plus obsessionnellement besogneux ont eux-mêmes des instants de répit dans leur engagement farouche. Certes, ils sont très brefs pour ces gens obnubilés par leur vertu ou leur tâche… Mais le bonheur les saisit dans ce répit.

Quoi qu'il soit advenu du projet, le bonheur vient s'il y a eu peine. Tous les vaillants vous le diront, le bonheur advient comme un salaire dû, mais on en est soi-même le maître. Même les paresseux savent ce qu'il leur a fallu développer d'énergie, d'apparence et de patience pour s'octroyer de bon droit un instant de bonheur. Comme il n'est pas conforme à leur nature ordinaire, ils le croient davantage mérité.

L'abus

« J'aime trop quand ça crame… » (M. incendiaire d'automobiles). Comment résister à une telle conjonction du bonheur et du plaisir ? Surtout en hiver. Jadis, lorsque la Cité était prise et les défenseurs passés par les armes, les hordes d'envahisseurs découvraient avec ravissement les joies de l'incendie et du pillage. D'immenses troupes humaines venaient du Nord, de l'Est et du Sud vers l'opulence des civilisations marchandes. Rien n'arrête les migrations en nombre vers ces terres promises où l'on n'aurait plus faim.

Leur flux incessant porte les esclaves d'aujourd'hui vers ces terres dont certains seront les maîtres de demain. Les meilleurs citoyens d'un pays sont généralement les immigrés volontaires ou involontaires du siècle précédent. Ils sont dans cette nécessité de construire. Vouloir faciliter cela par un bel élan humaniste ou le ralentir dans cette illusion archaïque de protéger le territoire n'est qu'une illusion. Elle permet au politique de flatter son électorat de l'un ou l'autre bord.

L'immigré apporte toujours une vaillance créative. Du moins dans le temps heureux de la migration. Le bonheur promis est sur l'autre rive, dans un premier temps il ne faut pas le décevoir…

Mais l'étranger déraciné, qui a peu à perdre, devient parfois vite arrogant et transgressif dans un pays de loi faible et d'accueil médiocre. Les arrivants les plus bornés dans leurs coutumes, ou les plus malicieux dans leur adaptation aux bienfaits des systèmes sociaux, discréditent la masse des autres souvent modeste et disciplinée.

Les Romains avisés savaient qu'il ne fallait pas laisser les pauvres inventer leur propre bonheur. Ils avaient les cirques, les gladiateurs, les lions et les chrétiens là où nous avons la télévision. Faute de culture le bonheur du pauvre demande des soins violents. Les bandes de quartier et les supporters de club nous en font la démonstration.

La simplicité

« L'enfance trouve le paradis dans l'instant. Elle ne demande pas du bonheur. Elle est le bonheur. » (Pauwels). Heureux ceux qui sont restés enfants ! Cela passe si vite. Ce ne sont que ces moments merveilleux entre les caprices, les chagrins et les jeux. Merveilleuse enfance où le bonheur est naturel…

Mais qui sait retrouver cette qualité d'émotion du bonheur enfantin ?

On ne peut que s'en émerveiller en laissant des enfants s'ébattre autour de soi. Il ne faut pas les accabler de morales, de jeux et de conseils pendant un moment. Ils vont bientôt être heureux, parfois même de concert.

Mais il faut aller au-delà de l'enfance.

Les femmes savent qu'il y a toujours un mieux à venir. Il arrive d'en voir de pleinement heureuses. Il suffit que rien ne vienne les contrarier pour gâter cet instant.

Simone de Beauvoir qui fut parfaitement femme disait : « Dans toutes les larmes s'attarde un espoir ».

Ce sont les femmes qui font lien et se rassemblent lorsqu'il faut pleurer de joie ou de peine. Les hommes se contentent de les accompagner. Les évènements heureux ou malheureux semblent moins les concerner. Le sort masculin est de trinquer ensemble.

Le bonheur des hommes réfugiés dans leurs Clubs, leurs passe temps ou leurs cercles de jeu serait plutôt dans une suspension de l'émotion.

La ritualisation du propos ou des attitudes montre bien la propension masculine aux formalismes religieux, militaires ou politiques dans des pratiques convenues et de peu de fantaisie.

Chez les lions, le mâle surveille les limites du territoire d'un œil dominant en attendant le résultat de la chasse des femelles. Ceux dont la crinière est la plus attractive seront voués à la paternité purement fonctionnelle. Le bonheur des lionnes qu'elles savent se gagner s'inscrit dans cette reproduction répétitive qui est leur plaisir et la conservation de l'espèce.

En restant dans ce domaine animal il faut citer le propos de cet observateur qui jugeait ainsi du bonheur masculin :

« Le bonheur ? Ce serait être aussi bien traité que le chat de la voisine… »

Cela fait certainement rêver, mais n'est pas chat qui veut.

Un excellent thérapeute avait abordé cette question du bonheur et du genre sous un angle un peu plus ouvert après un apéritif amical :

« Le bonheur des femmes est d'être écoutées, celui des hommes est de s'écouter en se rassurant » Il savait sans doute par sa longue expérience clinique ce qu'il voulait entendre par là. Peut-être avait-il davantage de goût à écouter les femmes… Elles plaident davantage en requérantes et savent se faire entendre. L'homme construit ses justifications solitaires en défense. Le sexe oriente les unes vers l'envie d'avoir, les autres vers la peur de perdre.

Freud déclarait ces orientations naturelles liées aux prédispositions anatomiques.

Mais il faut aller au-delà de ces petites réductions sexistes. Lao-Tseu apporte cette dimension chinoise qui dénote un meilleur rapport des peuples asiatiques avec l'immensité et l'éternité. L'instant en lui-même leur est précieux faute d'autre bien. « Le bonheur c'est le chemin » disait le maître.

- Tout dépend des chaussures, aurait commenté Confucius plus pragmatique. Mais c'est probablement une plaisanterie apocryphe d'un jaloux qui n'aimait pas marcher.

Enfin il faut en venir à cette condensation ultime du bonheur en une sensation : « Le bonheur ne se définit ni ne se raisonne... cela se sent » (Miguel de Unamuno). Ainsi un souffle soudain d'air parfumé que l'on ressent les pieds dans une mer tiède... La sensation parfaite ennoblit l'objet. Proust qui était gourmand en faisait l'instant du lent passage d'une pâtisserie savoureuse sur ses délicates papilles. Il suffit de ne pas rater l'instant de la déglutition.

Le bonheur du philosophe

Voici des gens qui se font mission du bonheur d'autrui. Il est rare qu'ils en livrent les sources. Leurs pratiques témoignent d'un bonheur à parler du bonheur en une sorte de mise au carré qu'il faut saisir chez Sartre. Il en a bien révélé la nature (Les mots) :

« Plus tard j'exposai gaiement que l'homme est impossible, impossible moi-même, je ne différais des autres que par le seul mandat de manifester cette impossibilité qui, du coup, se transfigurait, devenait ma possibilité la plus intime, l'objet de ma mission, le tremplin de ma gloire... Truqué jusqu'à l'os et mystifié, j'écrivais joyeusement, sur notre malheureuse condition. Dogmatique, je doutais de tout sauf d'être l'élu du doute ; je rétablissais d'une main ce que je détruisais de l'autre et je tenais l'inquiétude pour la garantie de ma sécurité ; j'étais heureux »

Le malheur constant d'autrui confronté à une réalité plus patente fait-il le bonheur des philosophes ? Cet aveu est profondément troublant.

A moins qu'il ne s'agisse que de ce jeu avec les mots où l'on se reconnaît narcissiquement dans sa propre parole... Notre homme a fait une belle carrière d'illusionniste en jonglant de quelques prestations opportunes dans les derniers feux de la classe ouvrière. Cela s'entendait assez bien.

Le bonheur de douter est une découverte merveilleuse qui fonde la philosophie. On peut y imaginer ce que l'on veut. Mais cette jouissance de l'impossible est une gourmandise spécifiquement humaine dont les névrosés font leur consommation quotidienne et parfois leur bonheur. Le ruminant et le carnivore n'estiment que ce qu'ils ont sous la dent. L'homme aime à se gargariser de mots la bouche vide.

Au-delà du bonheur ainsi annoncé certaines populations plus raisonnables mâchent régulièrement les plantes ou champignons dont les principes apaisent l'âme et mettent à distance toute fureur.

C'est à juste titre que l'on dit alors que le bonheur est dans le pré…

Aux confins amoureux

Cet « en soi » où l'on situe le site du bonheur quelle qu'en soit la nature est peut-être aussi un piège.

Hermann Hesse procède à une telle réduction :

« Non, être aimé ne donne pas le bonheur, mais aimer, ça c'est le bonheur ». Ce n'est certes pas faux. Mais on diffère ainsi indéfiniment l'espoir délicieux de réponse du désir toujours mystérieux de l'autre. Cela porte sans doute. Mais pathologiquement. Don Quichotte aurait perdu toute ferveur dans ses engagements chevaleresques fous si Dulcinée l'avait poursuivi d'assiduités incongrues et pressantes en retour…

L'espoir n'est jamais vraiment en l'autre, le seul gisement exploitable en est en soi.

Mais il ne faut pas contester la magie des rendez-vous amoureux effectifs qui transcendent irrésistiblement toute réalité extérieure. « J'ai rendez-vous avec vous, tout le reste m'indiffère… »

Le poète chanteur Brassens fait un pied de nez à toutes les contingences de la réalité pour cette irremplaçable échappée amoureuse qui est profession de foi.

Le bonheur est en lien avec l'existence et la chair… Il convient qu'elle fasse des rencontres.

Brel, cet autre chanteur profond, savait déjà que « son prochain amour serait aussi sa prochaine déroute »… Mais disait-il : « Ca fait du bien d'être amoureux… ». En fait le bonheur c'est peut-être seulement la promesse de l'instant à venir dans les jours, ou les temps qui viennent. L'instant d'après, quand ça s'est bien passé, est seulement du plaisir.

Et quand Brel dit à l'aimée : « Bien sûr tu pris quelques amants, il faut bien que la chair exulte… ». C'est cette tolérance altruiste qui rend le bonheur crédible.

Il faut ici en venir à l'immédiateté.

Le bonheur n'est pas une denrée conservable.

Gide nous donne cette clef : « Rien n'empêche le bonheur comme le souvenir du bonheur »

La quête des bonheurs perdus dénote un soin excessif de ses affaires…

Je remercie chaque jour les faiblesses de ma mémoire. Etre jeune c'est sans doute oublier sans cesse qu'on l'a été davantage.

Paul Valéry lui-même dans ses grands enfermements spirituels d'homme de lettre nous enjoignait ce : « Le vent se lève… il faut tenter de vivre »

A l'extrême, venons en à E.A.Poe ce conteur de l'étrange et du fantastique dans ses mises en scène les plus improbables et troublantes : « Etre étonné, c'est un bonheur ». C'est ainsi que l'on s'aventure sans cesse dans de nouvelles galères en espérant s'y découvrir heureux. Chacun connaît le goût violent qu'il y a à entretenir de mauvaises fréquentations stimulantes…Les meilleures nous étonnent rarement. Les étrangetés les plus cruelles nous fascinent. Poe en concevait sans cesse de nouvelles. Le monde est propre à nous étonner de ses désastres qui vont réveiller nos esprits maussades.

Mais parfois encore plus étrangement la fortune sourit et il nous tombe sans mérite quelque bienfait du ciel… C'est pourquoi nous conservons cette aptitude à la pensée magique de nos anciens. On ne sait jamais. Il faut aller au jeu pour s'étonner de la perte et du gain.

Une des plus belles chansons qui soit est ce « Petit bonheur » du canadien Félix Leclercq. Le bonheur vrai est toujours ramassé et perdu dans la fugace surprise amoureuse…

Et enfin la sagesse

« Le plaisir est le bonheur des fous, le bonheur est le plaisir des sages » (Barbey d'Aurevilly). Le bonheur est lent, il ne sait pas sauter au cou. Le fou va au but et le sage au patient travail de son attente.

Mais il survient là un questionnement fondamental. Et si tous deux passaient en fait à l'écart du bonheur ? L'épicurien sans freins et l'ascète restrictif sont dans une même logique de la quête d'une perfection heureuse… Saisir vite ou différer infiniment ne nous rendent pas davantage maîtres comblés de nos objets. Il est des manières de savourer plus fécondes. Le bonheur doit être lié au plaisir dans le temps de la même consommation délicate. De plus qu'on ait fait choix de le saisir ou de l'attendre il faut d'abord savoir où il se trouve....

Avec Saint Augustin nous découvrons les limites :

« Le bonheur, c'est de continuer à désirer ce qu'on possède »

Cela évite la déception du : « Ce n'est que cela ... » au bout de la quête et l'illusion tentatrice du toujours davantage et toujours plus loin.

Mais la continuité du désir pour les mêmes objets n'est plus une préoccupation de notre temps.

Le bon Brassens chante : « Auprès de mon arbre, je vivais heureux... »

On peut s'appuyer ainsi sur son épouse, sa vache ou son lopin. Mais il faut être Saint. Ou avoir gâché ici ou là sa chance par de malheureuses errances et entrer en nostalgie en revenant chez soi.

Du Bellay nous en fait l'exacte leçon à son retour de Rome et de sa fastueuse ambassade :

« Heureux qui comme Ulysse après un long voyage » qui s'apaise ainsi : « et puis est revenu plein d'usage et raison, vivre entre ses parents le reste de son âge ».

On voit des gens heureux. Ils prennent l'air, le soleil ou leur temps. On ne peut les rencontrer que parallèlement. Sinon on les dérange...

Ils sont probablement dans la perfection esthétique du moment comme les contemplateurs de l'une des merveilles du monde ou de l'un de ces tableaux de Maître dont la profondeur nous saisit... Il y a là une solitude accomplie.

On peut la partager parfois avec cette complicité discrète du moment qui fait intelligence. Il faut pour cela être au delà des enjeux toujours farouches de son propre désir qui se partage finalement peu. Un regard peut suffire.

On n'accède pas au général. La réalité ? La vérité ? Cela n'émerge que dans la mise en dérision qui les relativise un instant et les sublime dans la transcendance du sourire ou du clin d'œil où l'on s'oublie soi même...

« Le secret du bonheur est d'avoir un bon sens de l'humour et une mauvaise mémoire » (Florian Sala. Psychanalyste et Professeur en gestion de ressources humaines.)

Cultiver le drôle du moment efface l'affligeant instant d'avant. Sans autre intention que d'aller naturellement au rire plutôt qu'aux pleurs dans le mouvement des acteurs et l'ironie incongrue des mots. Cette insouciance n'est pas raisonnable.

Mais a-t-on trouvé quelque chose de plus salutaire ?

Après de longues périodes d'isolement volontaire et d'autres d'agitation dans des surinvestissements aussi peu raisonnables, cet homme intelligent me confiait : « Je suis tantôt heureux de ce que je fais, tantôt de ce que je ne fais pas. Je n'y comprends rien. Mais je crois que vivre commence à me plaire ». Son entourage s'inquiétait. Le bonheur est probablement une maladie rare...

Entre Nous : l'étrangeté du vivre ensemble

Alain nous ouvrait une première voie de réflexion :
« Il y a deux espèces d'hommes, ceux qui s'habituent au bruit et ceux qui essaient de faire taire les autres... Il y a des familles où il est tacitement convenu que ce qui déplaît à l'un est interdit à tous les autres. L'un est gêné par le parfum des fleurs, l'autre par les éclats de voix ; l'un exige le silence du soir et l'autre le silence du matin. Celui-ci ne veut pas que l'on touche à la religion ; celui-là grince des dents dès que l'on parle politique... C'est à l'heure du repas, comme à une sorte de Parlement, que chacun fait ses doléances. Tous connaissent bientôt cette charte compliquée, et l'éducation n'a pas d'autre objet que de l'apprendre aux enfants. Finalement, tous sont immobiles et se regardent, et disent des pauvretés. Cela fait une paix morne et un bonheur ennuyé... »
La vie sociale est faite de ces attentes de perfections codifiées, de ces intolérances rigides et convenues, du poids incessant du jugement d'autrui qui condamne ou absout selon des certitudes, des convictions et des engagements qui cloisonnent strictement l'espace imaginaire. C'était vrai jadis, c'est encore exact aujourd'hui d'une façon plus discrète... Le rabâchage des uns et des autres fait un harcèlement qui ne s'entend plus mais qui érode peu à peu le désir. C'est ainsi que se construit le système des familles et des groupes humains de proximité.
Il suffit de croiser un instant le regard de ceux qui nous entourent dans nos champs familiaux ou professionnels pour mesurer le peu d'espace de liberté qu'on nous tolère dans ces attentes exigeantes et souvent bornées que l'on perçoit... Dès la conception, et même probablement avant, la femme ou l'homme que nous allons devenir sont mesurés sans cesse.
Comment prendre là quelque élan vers la quête éthérée du bonheur ?
Faudra-t-il un lent et libérateur approfondissement intérieur ?
Ou cette explosion d'énergie qui dynamitera les résistances de l'entourage ?

Prisonnier de ce réseau d'attentions, comment l'esprit pourra-t-il s'échapper hors des murs, des contraintes rituelles et de ces soucis qui nous tiennent en laisse ?

Avoir eu des parents conventionnellement bourgeois ou inconditionnellement socialistes change peu les injonctions pré formatrices, elles relèvent des mêmes visions réductrices.

Les garants des valeurs traditionnelles, patrimoine, travail, famille, et les tenants du social, de la proclamation du tout pour tous, de la perfection humaine originelle que gâte la société, partagent aujourd'hui les mêmes habitats confortables sur le haut de la ville avec vue dominante.

Pour être heureux, dit-on, il faut prendre un peu de hauteur... Il faut ensuite se serrer les coudes entre proches pour conserver les avantages acquis. Peste soit ceux qui dérogent au bonheur convenu et formel de leur clan...

Toute société a cependant ses réfractaires aux étiquettes et aux convenances. Certains d'entre nous se soucient peu dès leur âge tendre des opinions communes de leur excellent entourage et se rangent mal aux médiocres idées reçues. Le jugement parental ne contraint pas leurs conduites. Dès l'enfance ils sont prompts à la sottise et à l'échappée...

Certains s'adonnent même à l'échec scolaire qui devrait ne toucher que les déshérités et les migrants que l'école est censée remettre au bon niveau moyen...

Tout n'est plus pour le mieux dans le meilleur des mondes possible. Les pires de ces enfants perdus s'engagent à l'adolescence vers des pratiques musicales et fumeuses où ils semblent trouver une étrange plénitude. La famille renonce à la classe préparatoire et à Polytechnique...

Cette insoumission est-elle annonciatrice d'un autre bonheur dont l'essence se passe de signes manifestes de prospérité, de confort et de réussite ?

Alain poursuit son exploration dans cette voie transgressive:

« Il y a aussi d'autres familles où la fantaisie de chacun est chose sacrée, chose aimée, et où nul ne songe que sa joie puisse être importune aux autres. Mais ne parlons point de ceux là ; ce sont des égoïstes. ». Dès le début du dernier siècle il existait des gens légers et insouciants qui ne se protégeaient pas dans le corset de leurs névroses familiales traditionnelles...

Cette acceptation de son désir et du désir d'autrui n'annonce pas d'irrémédiables débordements. C'est seulement une autre approche de la vie.

La transgression assumée à peu de chances de tourner au désastre personnel et collectif. Le feu passé, elle s'éteindra généralement d'elle-même. Mais elle à permis de vivre et de prendre une position avec un meilleur point de vue sur le monde.

L'ironie de notre philosophe nous fait déjà suspecter que le bonheur sera peu l'affaire de quelque système collectif lourd de certitudes et bonnes intentions. Familles, clans et organisations ont d'autres vocations plus sérieuses que l'éclosion de petits bonheurs chez les uns ou les autres… La joie personnelle est nécessairement désordonnée et nuit aux alignements conventionnels tellement importants. L'ordre du monde fragile ne se soutient que du vote scrupuleux des gens sérieux pour les défenseurs proclamés de la nécessité du profit ou de l'innocence humaine bafouée.…

Avec la fantaisie, voici qu'apparaît l'irrespect de l'intelligence pour les ordres figés. La pratique créative de la vie est un dérangement constant qu'aucune organisation n'a su réduire de manière raisonnable. Elle n'est pas toujours affrontement, on voit parfois pointer dans les meilleures sécurités domestiques, amorphes et placides, cette joie intime faite de l'indépendance d'esprit. Cela peut même faire contagion. L'homme libre qui ose s'exprimer sans frein conçoit implicitement la liberté des autres… Cela ne manque pas de réveiller les plus vifs d'entre eux. Parmi les quasi morts, il faut quelques vivants pour qu'il advienne quelque chose. Le bonheur lui-même n'apparaît pas sans cette catalyse.

Le bonheur formel affiché des solides bourgeoisies du début du siècle n'était que soumission scrupuleuse aux règles rigoureuses permettant d'accéder aux fonctions, aux pouvoirs, aux réussites et au cumul de beaux patrimoines…

Là, on ne joue pas avec les codes et l'étiquette ; l'ostentation elle-même répond à des canons précis.

Le gout de l'exhibition des signes matériels de richesse définissant le haut rang social n'est pas révolu et engage toujours nos élites affairistes, politiques et médiatiques. L'humain est friand de paraître…

J'affiche ce que je vaux. Certains élus malicieux feignent la modestie dans leur langage, leur vêtement et leur véhicule pour soutenir leur propos social. Seuls les sots se laissent prendre à cette surenchère en fausseté cabotine…

Mais est-ce que l'entretien de l'apparence flatteuse et du statut comble vraiment ?

Il est certain que cela occupe. Vérifier son audience et sa popularité en prenant le vent des tendances et de l'opinion par sondage pour procéder aux subtils ajustements politiques tient parfaitement le Moi en haleine. Les ridicules cotes de popularité foisonnent à tout propos.

Il y a peut être du bonheur à planer le plus haut possible porté par les ailes d'Icare...

Mais se mettre nu devant son miroir au soir d'un triomphe ne vaut que pour l'athlète au corps superbe vainqueur aux Olympiades. Chacun sait bien ce qu'il est et où il triche et ment. Narcisse guette dans l'eau sa première ride. César pressent sa chute en voyant croître la vigueur du bras de son fils Brutus.

Cela n'amène pas la paix intérieure et porte peu à sourire. On peut certes se rassurer en se mirant dans l'eau de sa piscine, les yeux de ses courtisans et en s'imaginant enfin un mausolée pour notre éternité.

Au petit bonheur...

Le bonheur populaire, d'essence démocratique, fut un moment promis par l'émancipation ouvrière des années trente. Un meilleur partage annoncé offrait à tous un avenir social radieux... Il y eut un temps d'un vrai bonheur des pauvres emportés par ces petites voitures Renault et Citroën de deux et quatre chevaux vers les plages et les prairies des congés payés... L'exode d'Août est encore un signe fort de cette assomption prolétaire. Le sable promis de la plage est au bout de l'embouteillage... La neige d'hiver est devenue également cette même merveilleuse échappatoire glissante du morne quotidien humain transcendé par le remonte-pente, merveilleux symbole de l'ascenseur social.

Le congé payé est un grand pas vers le petit bonheur malgré la densité des foules que l'on y côtoie. La promiscuité est ici de meilleur aloi que celle des villes...

Les vacances ont un coût qui fait sélection. Le cas social problématique n'y vient qu'encadré par ses éducateurs. Les voleurs les plus habiles découvrent cependant le charme des plages et des pistes propices à la prédation...

Le bonheur serait-il ces fragments de temps libres au fil de l'an qui se prolongent un jour indéfiniment en retraite ? Nous voici enfin nouveaux vacanciers définitifs barbotant sans efforts adaptatifs et sans menaces dans un environnement favorable...

Mais hélas nous sommes devenus vieux. Notre santé nous préoccupe tant que l'on ne sait vraiment apprécier d'être dans un monde merveilleux.

Cette situation grégaire sans astreinte, avec une bonne sécurité, nous rapproche de l'état de nos cousins primates dans ces quelques coins de forêts encore préservés où ils passent leur vie en vacances. Ils sont peut-être heureux mais n'en savent rien n'ayant pas connu d'autre situation que l'errance arboricole alimentaire, ludique et copulative…

Avant l'homme, les pachydermes considéraient le monde du haut de leur taille et de leur corpulence. Leur développement, leur force, leur intelligence et l'habileté de leur trompe étaient les garants de leur éternité. Nous les avons chassés de leur paradis terrestre comme ces formidables baleines que nous avons quasi anéanties dans leur règne marin.

L'avènement en l'homme d'une nouvelle espèce dominante est là. Elle ne saurait avoir d'autre prédateur qu'elle-même et ces infimes microbes qui ne respectent rien. On dit même que la nature, jalouse de cette réussite, nous inflige de nouvelles maladies auto-immunes pour assurer un renouvellement de ces créatures qui s'accrochent obstinément à la vie…

Il faut renoncer au rêve de la jouissance infinie de ces récréations dont un jour on ne sifflerait plus la fin… Le bonheur ? Il n'est pas garanti, ni même assurable. Pourtant la publicité de ce nouveau produit qu'est la convention obsèques nous montre ces anciens épanouis dans la perspective d'un enterrement heureux.

Mais il faut rentrer après les vacances. Le coût social des avantages consentis se prélève aux sources laborieuses et productrices des entreprises ou aux budgets pléthoriques des états qui ne se nourrissent que de l'impôt. Nul ne consent d'enthousiasme à cotiser sur ses honnêtes profits ou son juste salaire, même si c'est un sort plus doux que la corvée, la conscription, la dîme, la taille et la gabelle. L'entreprise qui est la source unique des plus values où se fonde notre opulence n'a pas vocation initiale ou ultime à parfaire le bonheur des salariés. Tout développement, et le fonctionnement social lui-même, résulte d'une exploitation première de l'effort humain… Montaigne écrivait déjà que l'opulence des uns ne saurait résulter que de l'exploitation spoliatrice des autres…

Il n'y eut dans l'histoire humaine aucun développement de civilisation qui ne se soit soutenu d'un esclavage manifeste ou latent. La destruction de l'industrie au profit des pays émergents et l'écrasement des revenus de notre classe paysanne permettent l'épanouissement des revenus du capital jouissant de son don d'ubiquité. La prospérité de notre bourgeoisie et la belle aisance des classes moyennes ne se font pas sans qu'il y ait pillage et esclavage quelque part… Mais le développement habitue au confort et à la consommation un nombre croissant d'entre nous. La pauvreté qui était jadis un état ordinaire devient scandaleuse…

Ceux qui commencent à goûter aux loisirs trouvent rudes les contraintes besogneuses et hiérarchiques. On aimait son métier, il n'est pas certain que l'on aime son travail souvent réduit à une fonction parcellaire. Les points d'irritation deviennent quasiment pathogènes.

Le travail est associé à la souffrance sur positions inconfortables et des exigences intolérables… Le corps lui-même refuse ces nouvelles contraintes.

Les couturières de jadis avaient-elle meilleur dos que les secrétaires d'aujourd'hui ?

L'ouvrier maladroit et l'apprenti faisaient l'objet de moqueries et de brimades sans bienveillance. Les petits chefs mesquins et méchants étaient prêts à la persécution au moindre prétexte…

Nous ne souffrons que des résidus, certes encore conséquents, de la condition ouvrière de jadis. L'inconfort et le manque de considération méritent certes protestations légitimes des gens lésés… Mais le droit inspire souvent un excès de plainte qui fait contagion. Il y a même une nouvelle jouissance à se présenter comme victime de quelque abus d'autrui.

L'individu de notre temps répugne à consentir au moindre désavantage et à cotiser même avec mesure aux efforts communs. Il fixe des limites plus que raisonnables, voire restrictives, à ses engagements laborieux ou sociaux.

L'idéal du fait social collectif inspire certes tous les discours, mais chacun demeure farouchement attaché à ses avantages et privilèges acquis.

Le démocrate est un être d'opinions. Le bonheur qu'il désire pour tous ne pourrait se faire en aucun cas au détriment du sien. L'amour du pauvre et de l'étranger se proclame bien, mais il ne conviendrait pas de vivre avec ces espèces estimables dans une trop grande promiscuité. L'humanisme nouveau est exotique et l'écologie est plus attentive au planétaire qu'aux applications locales qui seraient bien plus coûteuses pour chacun.

Les confrontations à la réalité se vivent bien mieux à distance raisonnable.

Le fait collectif douteux et parfois violent en matière humaine ou d'environnement est l'affaire de l'Etat et de ses services, voire même de l'appareil policier dont on critique d'abord les abus avant d'avoir subi quelques outrages personnels qui nous font espérer en sa rigueur envers nos agresseurs... Il n'est pas simple d'assurer la sécurité dans cette ambivalence.

Je m'étonnais récemment du choix électoral paradoxal d'un ami vivement porté au discours social vers un candidat connu comme notable assez nanti. Il me dit « Il est déjà riche, il aime l'argent et craint qu'il ne soit perdu. Il sera moins tenté par l'usage des fonds publics sans discernement. ». Ce propos d'actualité me troubla. Il n'évoqua pas l'hypothèse odieuse qu'un élu populaire modeste pouvait éventuellement s'enrichir de façon indirecte ou directe par sa promotion. Ce versant commun à la nature humaine ne semblait pas lui faire question. La politique fait pourtant quelquefois office de mat de cocagne.

J'engageai la conversation sur l'impôt. Il cita les chiffres qui l'affectaient. Je sus alors que les classes moyennes étaient aussi jalouses de leurs privilèges que le clergé de naguère de ses ressources et avantages. La pureté fondamentale d'intention n'exclut pas le légitime attachement à ses intérêts.

Cela n'innocente en aucune façon la bourgeoisie d'affaires et la caste politique traditionnelle qui affichent clairement leur statut et leurs prétentions. Le discours social de principe descend des châteaux et des hauts lieux symboliques.

Le petit peuple est invité dans la cour élargie par l'effet merveilleux de la télévision. Un ami qui fut député me confiait : « Nous ne sommes pas assez pauvres pour l'égalité. La fraternité génère nécessairement des crises de jalousie. Quant à la liberté que peut-on en faire si nous n'avons pas les moyens suffisants ? ».

Mes illusions idéologiques résiduelles ont sombré. J'ai compris depuis quelque temps que personne ne saurait s'appliquer à faire mon bonheur quel que soit le mandat que je lui confie et son application. Chacun est trop soucieux de ses propres intérêts. Et ceux qui font preuve comme Socrate de cette intelligence immatérielle portée au vrai et au bien commun n'obtiendront jamais la majorité. La foule va à la foule dans le lit de la plus petite pensée commune...

J'ai la chance d'être né après les luttes populaires qui ont donné un meilleur droit à tous. Certains en abusent certes, mais il faut convenir que le monde d'aujourd'hui est plus convenable. Il deviendrait même idéal pour les profiteurs de tout poil. Les aigrefins que stimule la présomption d'innocence s'y épanouissent assez bien...

Mais pour y faire sa place il faut un peu de détermination, quelque savoir faire et un usage suffisant de la parole. Sans cela on doit se résoudre à être cas social.

La quantité d'argent et de biens circulants a considérablement cru.

Je me souviens de la modestie de la dotation hebdomadaire familiale lorsque j'étais adolescent. Le peu de pièces reçues devait me faire bon usage. Les satisfactions que j'en retirai étaient incontestablement plus vives que toutes ces dépenses superflues dont je meuble maintenant mes journées un peu vides... À moins que mes souvenirs enjolivés d'enfant ne portent trop haut ce bonheur du peu qui émergeait du rien. Cette disposition d'esprit est devenue aujourd'hui inconcevable. L'Africain et l'Hindou savent pourtant encore que presque rien c'est encore beaucoup et certainement mieux que rien.

Les enfants d'aujourd'hui auront-ils ce souvenir précieux d'une petite chose rare qui aurait fait jadis leur bonheur ?

Le siècle précédent avait rêvé de ce collectivisme qui nous aurait tous enrichis dans le partage équitable des biens, des outils et des tâches... Ce qui s'y est nivelé au plan le plus bas c'est l'engagement et l'esprit d'entreprise. Les oligarchies issues des révolutions populaires se sont bientôt constituées en castes administratives dominantes... Avant les effondrements économiques il leur fallut bientôt réinventer de nouveaux esclavages, aussi rudes que ceux des pires féodalités industrielles. Les cohortes de prisonniers politiques, suspects d'obscures déviances idéologiques, durent entretenir une productivité dont le citoyen ordinaire assez médiocre et paresseux, voire alcoolique et voleur, se souciait peu. Les fonctionnaires d'institutions ou d'état menaient leurs missions formelles impossibles de façon cruelle, bien qu'ils soient sans méchanceté foncière propre...

Il fallut bien décapiter la noblesse lors de la révolution, incinérer les juifs sous la botte nazie et déporter les esprits critiques aux temps staliniens. Ce sont des tâches d'organisation. Il suffit de s'appliquer à la technologie de l'exécution pour échapper à l'horreur du fond nous dit Robert Merle dans ce roman fondamental qu'est : « La mort est mon métier ». Le héros Allemand très ordinaire dans sa docilité de fonctionnaire devient benoîtement génocidaire. Il passe même d'heureux moments de loisir en famille.

Les développements collectifs doivent se saisir sans état d'âme des talents et des bras nécessaires où qu'ils soient.

Je traversais récemment une région livrée au désert depuis une vingtaine d'années avec un lettré musulman plus ami que guide. Je déplorai l'absence d'entretien des systèmes ingénieux d'irrigation qui dataient de plus d'un millénaire. C'était un homme honnête qui ne souhaitait de mal à personne et n'avait en lui aucune cruauté. Il était dans cet esprit de tolérance et de solidarité qui faisait jadis la force de l'islam. Il me regarda et dit : « Nous n'avons plus assez d'esclaves ». Rien n'était scandaleux à son oreille dans son propos. Mais il y avait là cette logique d'un effondrement. Un racinement des sociétés par le labeur précis et attentif du sol et de la matière disparaît. J'étais choqué par le lien évident et incontournable entre ce déclin et la fin de l'asservissement.

Le concept d'esclavage auquel je pensais est un concept occidental me précisa alors Abdallah. Il ajouta que son grand père avait des esclaves bien nourris dont il était responsable et qu'il ne battait pas. Je pensais à Esope et Epictète qui furent esclaves de maîtres Grecs. Les colons des Amériques qui plantaient le coton et le café ont sans doute été des maîtres bien plus sauvages et ignorants... Aujourd'hui on meurt de faim dans certains villages Africains. A quoi sert d'être libre mais mort ? Il y a certes les zones autour des villes où les civilisations rurales terminent leur parcours dans les ghettos qui sont les déchets du développement.

Les conditions extrêmes engendrent des paradoxes locaux.

Mais je ne pus m'empêcher de penser à notre phénomène du chômage et aux exclusions impitoyables du système économique sous nos meilleures contrées.

La classe ouvrière et la paysannerie disparaissent irréversiblement. Les patients métiers de la forge, du bois et de la pierre s'effacent sous le déferlement des nouvelles matières et des technologies d'assemblage...

L'activité et l'argent lui-même deviennent des systèmes virtuels sans cesse en transformations insaisissables...

Le temps du travailleur heureux tenant son œuvre à transmettre comme une pièce d'art est sans doute révolu. L'emploi et le pouvoir d'achat que l'on revendique comme des droits ne sont pas des constituants d'une identité humaine. Il faut consommer et consommer sans cesse. Les créations de l'électronique, du design, les conforts de pacotille, les crèmes de jouvence et les pilules du bonheur entretiennent un marché affolant dans une fuite en avant sans appel. Avoir et être sont peu de chose. Il faut désirer. Le bonheur c'est la musique du jour et la mode nouvelle. Mais tant désirer use et lasse. En cinq ans une génération adolescente a perdu sa fraîcheur et ne brille plus de cette assurance du temps de son éclosion.

A quarante ans révolus on sort de cette frange active qui n'a même plus besoin de nous conserver comme témoins et garants d'un fonctionnement devenu obsolète. Le temps du consommable n'est plus celui des valeurs stables et de l'attachement. Le bonheur, s'il est encore là, devient de passage. Faut-il envisager le concept de bonheur jetable ?

Etre jeune, être actif, n'est plus être heureux d'aller vers un avenir supposé meilleur comme le firent les générations passées confiantes en des valeurs humaines. C'est seulement adhérer à cette flambée du changement incessant des spectacles, des modes et des modèles en vogue. L'âge n'apporte plus cette sérénité à ceux qui ont vécu. Aucune promotion respectable d'ancien ne leur est promise. Leur savoir importe peu, la répétition ne saurait être que radotage. Etre vieux s'indemnise seulement. Encore faut-il avoir cotisé...
Il semble qu'il y ait là une nouvelle forme de folie.
Cette absence de pauses donne le sentiment effrayant que le monde humain n'a pas d'histoire et doive se réinventer tous les jours...

Il y eut probablement des chasseurs heureux au paléolithique et des paysans comblés au néolithique. Dans les villages isolés on en retrouve parfois une survivance chez des êtres frustes où l'existence prend racine et fait bonheur là et maintenant. N'allons pas les interviewer, ils n'ont aucune ambition médiatique et s'ils sont vraiment heureux et savent s'amuser, ils peuvent pousser le curieux trop agaçant dans le purin des cochons. La campagne peut encore se jouer du citadin. Mais ce n'est qu'un rêve...

Nous sommes confrontés à la logique nouvelle des puissances industrielles, commerciales et financières qui génèrent des profits tellement surhumains qu'ils en deviennent factices. Nos beaux esprits de l'économie et de la politique ne savent que suivre le désastre de ces expansions sauvages par un pansement social des victimes du système fou. Les flambées spéculatives aussi désastreuses que les guerres de jadis précèdent des crises où s'engloutissent les apparences d'opulence qui miroitaient encore la veille.
Les systèmes s'effondrent dans des tremblements financiers que tentent de rééquilibrer des masses monétaires fictives. La dette des individus et des états devient insolvable.
Comme au terme de l'Empire Romain se constitue une nouvelle plèbe que l'on apaise par du pain et des jeux, télévisuels bien entendu...Le sociologue égaré dans les virages des stades de football redécouvre les origines des premières hordes humaines d'avant la culture.

Le chômage croissant et l'exclusion font signe structurel du déclin d'un monde qui parvient aux limites extrêmes de son expansion.

Le gigantisme des systèmes induit une tragique fragilité. Seuls les plus petits dinosaures ont survécu jadis aux cataclysmes par des adaptations locales modestes et peut être un début d'organisation sociale. Comme les singes, les loups et les ruminants nous avons hérité de cette faculté de nous regrouper en petits clans pour survivre… Notre esprit s'accommode bien d'un environnement connu d'une dizaine à cinq cents personnes…

La France rurale de jadis et sa multitude de petits propriétaires besogneux et pauvres avait peut-être des villages heureux. On y vivait et mourrait en compagnie humaine. Le voisin était certes critiquable et on ne se privait pas de le mettre en caricature, mais la vie locale n'était pas cette suspicion prudente et correcte que nous entretenons les uns vis-à-vis des autres dans nos organisations économiques et sociales…

Les échanges dans les rues et sur les paliers ne concernent plus que les bandes désœuvrées et leurs petits trafics…

Nous étions tellement convaincus du juste et disposés à souscrire aux engagements collectifs que le début du siècle nous vit nous engager dans la formidable Grande Guerre. Il fallut plus de deux ans de massacres pour qu'un doute apparaisse enfin avec quelques premières désertions. Ces monuments aux morts de la défense victorieuse sont un peu incongrus aux yeux des enfants d'aujourd'hui…

Alain qui fut de cette aventure hallucinante nous étonne ici par l'inconcevable aujourd'hui où il tient son propos :

« Ils combattent de leur bonheur comme d'une arme ; ce qui a fait dire qu'il y a du bonheur dans le héros tombant. Mais il faut user ici de cette forme redressant qui appartient en propre à Spinoza et dire : ce n'est point parce qu'ils mouraient pour la patrie qu'ils étaient heureux, mais au contraire, c'est parce qu'ils étaient heureux qu'ils avaient la force de mourir. »

Le temps des petits bonheurs campagnards et vertueux qui se prêtaient au sacrifice pour la religion, pour le roi ou même la révolution ou la France est bien fini. L'Etat nous doit tout. Chaque catégorie sociale le soumet à ses récriminations et revendications spécifiques. Les autorités qui constituent son enseignement et sa police sont bafouées.

Chacun se veut tout puissant et refuse les allégeances. Ainsi l'idiot qui se fait bûcheron scie un jour la branche qui le supporte…

Toute réforme ou toute loi visant à l'ordre et aux régulations collectives est accueillie par de hauts cris. L'individu n'est plus dans la croyance et l'espérance, il veut être et posséder.

Les bons psychologues nous ont incités à mieux écouter le désir de chacun sans savoir qu'il était farouche et peu propre au partage. La psychanalyse nous avait pourtant fait savoir que l'on ne peut faire usage convenable du désir s'il n'est réduit par cette opération symbolique que l'on nomma « castration » par une intéressante métaphore.

On échange de plus en plus difficilement les jouets et les goûters entre enfants dans les familles et les cours d'école. Chacun ne sait démordre ni de sa place, ni de son bien, ni de sa position.

Nous sommes trop nous-mêmes. Nous en savons trop. On nous permet trop. La singularité exacerbée ouvre des droits d'exception qui nous portent aux surestimations délirantes. Personne n'ose mettre une régulation aux clameurs catégorielles. Les nourrissons eux-mêmes se complaisent à brailler comme jamais pour nous signifier leur insatisfaction… Etre femme, homosexuel, coloré, étranger, juif, musulman, ouvre le droit potentiel à pétition qu'ont les victimes d'un dommage potentiel passé, en cours ou prédit.

Tel sage de jadis écoutait les plaignants et leur demandait s'ils avaient faim ou soif, s'ils disposaient d'un gîte sec, si quelqu'un les avait molesté ou insulté leur famille ou leurs ancêtres. Si rien ne lui semblait sérieusement dommageable sur ces registres dans leur situation il les renvoyait en les félicitant de leur bonheur. Il leur recommandait en outre de remercier le ciel en le priant de leur conserver ses bienfaits…

L'information sur tout nous a déniaisés sans nous rendre davantage responsables. Nos exigences se sont accrues dans le possible et le raisonnable, mais nous ambitionnons toujours plus et mieux… Nous savons bien pourtant que la croissance infinie n'est que leurre et spectacle à ne pas prendre à la lettre. L'image télévisuelle du monde est un artifice qui donne l'illusion du pouvoir sur toute chose et une croyance folle en notre libre arbitre… L'étourdissement de la publicité, de l'actualité, de la vulgarisation et de l'offre nous semble la vie même. La déception est inéluctable.

L'homme actuel devient un sceptique à terme, saturé par le défilement incessant de paroles vaines et d'évènements privés de sens. Il s'accoutume également à sa solitude qu'il meuble de rituels et d'objets. Les appuis idéologiques crédibles et les présences humaines chaleureuses se font rares.

Faute d'amour plus proche il faut parfois finir par ce recours ultime du transfert vers le thérapeute ou le psychanalyste.

Certains extrémismes ou gourous patentés auront beau jeu de faire leur lit sur ce vide de sens.

Le bonheur n'est plus cette immanence, ici-bas ou dans un autre monde. Il fut un temps de l'amour et de la sérénité dans la reconnaissance supposée d'un Père. A cette place là on rencontre essentiellement l'imposture.

Cette conviction permettait pourtant jadis d'affronter le réel de la mort, l'horreur de certains quotidiens, l'épouvantable des guerres et la violence de toute soumission inévitable aux évènements ou aux hommes.

Un point lumineux sur l'horizon, cette petite flamme que signalait Soljenitsyne depuis son bagne, entretenait un espoir inaltérable d'accéder à une plénitude heureuse.

Le bonheur d'aujourd'hui, c'est ce que l'on dérobe furtivement aux machines aveugles et anonymes des organisations. C'est aussi, de façon plus perverse, cette expertise croissante et toujours inavouée des usages que l'on peut faire de plus naïf que soi. Il y a aussi le temps libre et l'habileté infinie des adaptations individuelles dans les créneaux opportuns. Etre heureux c'est manger en cachette cette part de gâteau avec ce mélange de jouissance et de plaisir qui va nous engager nécessairement à récidiver. Ou regarder quelque film ou spectacle où l'on s'oublie dans cette Autre vie...

Il reste certes les fêtes... Mais même notre Carnaval n'est plus ce brassage et ce désordre égalitaire qui rétablissait strictement l'égalité sous le masque. Rien n'était meilleur que d'être cocu et de cocufier une fois l'an. Mais la fête se police, elle se commercialise. Le touristique et le marginal l'envahissent. La joie s'y fait factice.

Où vais-je devoir chercher mon bonheur ?

Il est déjà intéressant de le mettre en comptine : Heureux ? Un peu, assez, beaucoup, à la folie, pas du tout. Les circonstances de cet effeuillage me font découvrir mes climats favorables...

Ainsi les jeunes chiens heureux découvrent l'usage du monde.

A essayer cela on se découvre des préférences pour les choses les plus simples.

Ainsi trouver un arbre sympathique pour assouvir en paix un besoin naturel...

Parlez-moi d'amour

Notre philosophe ne va cependant pas nous laisser là. Son temps était celui des guerres que l'on prenait collectivement au sérieux, mais c'était aussi celui de cette affaire intime de la rencontre amoureuse unique où l'on découvrait son bonheur.

Il va falloir maintenant parler d'amours, cet étrange mélange d'espoir, de frustrations et de moments dérobés ou gâchés doit être considéré en nombre…

Freud a déjà énoncé les effets de l'intériorisation d'un rigoureux véto sur la sexualité infantile…Jadis on n'expliquait pas le mystère de l'acte amoureux aux enfants. Ils en entendaient quelquefois les manifestations nocturnes ou en surprenaient quelques aperçus par une porte mal fermée. Ils échafaudaient des hypothèses hardies sur cette pratique secrète du monde adulte. La crainte et la curiosité paraient ce mystère d'une puissante aura. Ce long interdit permettait une maturation des processus imaginaires et obligeait à se tourner vers d'autres intérêts. Le libidinal se sublimait et l'affectif se maîtrisait peu à peu. Faute d'accès précoce au sexe on construisait les représentations du monde riches et ingénieuses préparatoires à la vie d'adulte. Si l'homme est intelligent c'est peut-être du fait de cette si longue enfance frustrée des joies précoces du sexe et de la reproduction permises à toutes les autres espèces…

Ce renoncement obligatoire à une pulsion naturelle et fondamentale est unique. Il va amener l'étonnant concept psychanalytique de castration… C'est-à-dire introduire l'ordre symbolique. L'acte se transpose dans les infinies métaphores de la parole.

Cette promotion n'est pas anodine. Il n'est pas de dialogue humain où l'amour ne soit décliné en filigrane.

Le bonheur est immédiatement lié au sexuel chez certaines espèces de singes qui y accèdent dans l'innocence des voies ludiques. La copulation s'y mime davantage qu'elle ne se pratique et lie les groupes dans cet échangisme amoureux que certains humains prennent à la lettre lors de fins de semaine peut-être plus laborieuses que joyeuses. Ne fait pas le singe qui veut.

Par cette bonne volonté explicative de nos esprits Cartésiens on informe parfaitement l'enfant sur le sexe. Paradoxalement on criminalise lourdement les attouchements pédophiles les plus bénins. La duplicité adulte veut tout faire savoir et beaucoup permettre à l'enfant en faisant mine d'être d'une autre essence et de ne pas être concerné…

La mise à distance prétentieuse de la sexualité en fait un objet scientifique et juridique peu propre aux élaborations imaginaires et aux feintes amoureuses riches en émotions.

L'enfant n'est pas dupe. Il sait bien que l'adulte triche avec l'amour en entretenant cette duplicité de l'explication et de l'interdit. Il le sait soumis comme lui à sa redoutable et irréductible dimension émotionnelle et à la vulgarité des pratiques matérielles secrètes …

Conscient et solitaire il en est réduit au désenchantement de l'auto-érotisme et à cette animosité qu'engendre toute duperie.

L'amour ne s'explicite pas, il s'énonce de la place du sujet.

D'abord il s'éprouve et prend forme dans le premier lien fusionnel à la mère. La confiance en l'autre résulte de cette communication première des corps. Elle se perpétuera dans les échanges ultérieurs, quelle qu'en soit la modalité, si elle s'est suffisamment fondée. Il faut avoir saisi ici cette alternance de présences et d'absences qui n'est pas perte lorsqu'on est certain du retour de la mère.

De transfert en transfert on adresse cette parole qui signifie la confiance et l'amour à ceux qui viennent là, par choix, par hasard, par nécessité.

Sauf dans ces rares rencontres qui nous mettent d'emblée en phase, l'autre est d'abord un étranger. Cela engage à des états affectifs surprenants et évolutifs où le plaisir et l'émotion surviennent de manière variable.

S'accommoder à l'autre est toujours une affaire complexe qui ne se résout jamais complètement.

Alain nous rappelle prosaïquement qu'en toute situation de coexistence humaine la confrontation est immanente, même entre gens aimables lorsque « les cœurs sont tout à fait dévoués… dans cette intimité de tous les jours, la colère de l'un nourrit la colère de l'autre, et les moindres passions s'y multiplient ».

« L'humeur, bonne ou mauvaise est pour ceux qu'on aime bien… la politesse est pour les indifférents »

« Battre, injurier, incriminer, c'est toujours premier mouvement ».

L'espèce humaine est prompte à la querelle, à la dispute et aux fâcheries qui mettent en péril et rendent détestables, sans raison profonde et objective, des ambiances seulement tendues qui pourraient facilement être apaisées…

Mais l'implication amoureuse amène aussi à s'engager sans frein dans les relations où l'on s'investit parce qu'on se sent écouté, ou simplement parce qu'il faut parler à un autre.

Notre époque mêle l'enfant aux affaires parentales bien plus que cela ne se faisait dans les temps antérieurs. Il devient partie prenante dans la relation de couple. La bonne volonté naïve des parents de notre époque y contribue.

L'ambivalence des échanges qu'il entretient avec les parents induit chez l'enfant ces tendances portant à séduire ou à faire entendre raison hors de propos. Il s'initie même parfois à la manipulation d'autrui par les effets de paroles que sont l'insinuation et le mensonge.

Tout le non dit de l'échange parental lui est sensible dans son propre code. Les modes de fonctionnement névrotiques ou pervers que l'on constatera plus tard sont probablement la répétition des découvertes et des expériences infantiles dans un jeu familial latent.

Devenir autonome et adulte dans ses propres quêtes et choix sexuels deviendra ensuite problématique. Il y aura sans doute des répétitions surprenantes de cette pièce amoureuse qui fait structure de la saga familiale.

Mais nous sommes au temps des ouvertures et l'imaginaire se découvre de nouveaux possibles. La sexualité humaine adulte était assez codifiée, elle est devenue ce jeu de l'amour et du hasard où l'on se perd un peu.

Flaubert nous conte avec Madame Bovary cette difficulté du désir à se trouver des objets et cette errance entre l'illusion et l'insatisfaction permanente.

La psychanalyse est venue au secours des troubles répétés de l'indétermination amoureuse.

Freud nous a appris que le thérapeute abstinent et silencieux permet au sujet déboussolé de retrouver un usage plus libéré de la parole où il finit par s'orienter. Le psychanalyste ayant pris un temps - en toute neutralité - la place parentale dans le transfert, on peut mieux énoncer le rapport à l'autre en le faisant émerger de son étrangeté.

Mais l'essentiel du bonheur amoureux demeurera éternellement le mystère de cette rencontre où l'on perd pied. Elle génère un fantastique capital émotionnel que l'on pourra gérer toute une vie ou dilapider en peu de temps.

Il faut beaucoup de talent pour savoir articuler son désir au désir d'un autre.

Bien entendu on peut aussi constater que l'on s'est tout simplement trompé.

Le reconnaître n'est pas facile. Il y faut parfois cinquante ans…

Sautes d'humeur

Le nouveau droit de l'individu à la libre expression s'épanouit dans les familles et les écoles dès la tendre enfance. On tolère le caprice et la colère. Il est de bon goût pour l'adulte de les subir de manière patiente. Les emportements de l'humeur qui nous sont constants ne sont plus à réguler à tout moment par crainte de sanction et d'exclusion. Il est permis d'être odieux. L'apprentissage de savoir s'apaiser soi-même n'est plus de mode. Les esprits d'aujourd'hui accèdent plus difficilement à la sérénité par défaut initial d'apprentissage de la modération de l'humeur...

Nos journées sont des successions d'impatiences exprimées, ou péniblement rentrées, dont les manifestations excessives paraissent pourtant légitimes. D'excellents anglicismes : « stressé... speedé... » signifient des états émotionnels qui font abstraction a priori du lent travail mental de prise de distance pour représenter, comprendre, concevoir et agir. L'humain devenu instantané se réduit seulement à quelque hérissement du poil et quelques variations du taux d'hormones préparant une conduite aussi absurde qu'inopportune...

L'animal lit quasi instantanément les signaux... Il se soumet, fuit ou attaque. Toutefois les animaux sociaux les plus intelligents pratiquent des conduites d'apaisement extrêmement adaptées qui étonnent les éthologistes. Les singes et même les loups savent dépasser et réguler leurs humeurs en procédant aux échanges de signes convenables. Leurs collectivités vivent généralement en paix. Sauf lors du renouvellement du leadership qui est une affaire essentielle pour la survie du groupe. Les organisations animales n'ont pas les moyens de se permettre un chef imbécile.

Les poules, plus rudimentaires dans leur psychisme, se piquent selon l'ordre hiérarchique descendant. La volaille de plus bas rang est rudement plumée... Mais cela se fait sans excès dans le meilleur souci d'organisation qui soit.

Quelles que soient leurs raisons les tensions intersubjectives humaines méritent rarement les issues violentes auxquelles peut conduire l'humeur. L'étroitesse de vue et l'intolérance de jadis se rencontrent certes moins. On peut se sentir désapprouvé, critiqué, mis en demeure, mais l'assaillant y met généralement certaines formes. Le dénigrement et le harcèlement sont devenus sournois. Ils n'en sont sans doute que plus cruels car ils nous mettent dans une pire infériorité que l'agressivité exprimée. Le bourreau met toute une nouvelle malice à conserver l'apparence d'une position de droit raisonnable.

Mais notre vulnérabilité au harcèlement convenable conduit à construire de nouvelles défenses. Nous réagissons au moindre propos qui nous déconsidère – ou nous semble dévalorisant - par une mobilisation émotionnelle souvent hors de proportion. On en saisit promptement les proches, le ciel et parfois son avocat.

L'intelligence qui faisait que l'on examinait les raisons d'autrui en chaque circonstance et que l'on se rangeait à la nécessité du moment, même contrariante, est peut-être en déclin...

Nous nous comportons alors entre nous par l'ouverture d'inévitables procédures comme dans ces litiges animaux qui engagent aux rudes combats hiérarchiques saisonniers des dominants pour les prérogatives sexuelles ou le territoire. Mais chez nous il n'y a pas ces victoires rituelles rapides qui ferment le débat. Les impatiences nous emportent d'abord et les premiers dégâts soutiennent la rumination perpétuelle des griefs se faisant écho. « Si la haine répond à la haine comment cela peut-il finir ? », signifiait le Bouddha.

Un ami s'adonne au métier nouveau de thérapeute conjugal. Ses observations l'amènent à découvrir une cause réelle et sérieuse de divorce chaque mois pour des couples assez ordinaires qui s'aiment suffisamment. Les propos qu'il reçoit lui font penser que chaque année donne au moins une vraie raison d'assassiner. Il se sent parfaitement utile lorsqu'il ramène ces raisons émotionnelles à une plus juste dimension...

La violence est ordinaire. Chacun sait que battre les enfants peut aisément devenir un exercice quotidien. La pratique est devenue rare, mais l'envie motivée tient en haleine les meilleurs parents. Notre bon humoriste Fernand Raynaud rapportait ce cri : « Bourreau d'enfant ! » à l'intention des voisins que poussait le chérubin avant qu'il ne soit battu. Il faut certes qu'humeur survienne, mais il faut aussi qu'elle passe.

Une prise de conscience opportune fait ordinairement trouver les mots et les attitudes qui réconcilient. Fous ceux qui ne savent pas « tendre amicalement la main » après la dispute nous dit Alain.

« L'ordre familial, c'est comme l'ordre du droit ; il ne se fait point tout seul ; il se fait et se conserve par volonté. Celui qui a bien compris le danger du premier mouvement règle alors ses gestes et conserve les sentiments auxquels il tient. »

Ce qui se suggère là, c'est qu'il y a une question préalable de bon vouloir quasi contractuel.

Chaque relation est contrat implicite propre à mettre en querelle par quelque aspect où l'on se sent obscurément lésé. Mais il faut bien avancer dans toute relation en dépit des craintes et doutes que nous inspire autrui.

Ce choix d'aller plus avant avec cet autre - toujours suspect - amène à abandonner cette réflexion égocentrique et stérile qui nous réduit à nous-mêmes et dont on sort que par l'humeur. Seuls les persécutés conservent cette certitude intime que tout autre entretient un calcul dommageable permanent à leur égard. Certes l'autre est rarement pur dans ses intentions et même l'ami proche est dans une recherche plus ou moins consciente de prises d'avantages. Il nourrit même secrètement quelques perfidies...

Mais un détachement final de cette réflexion qui nous fait douter conduit au bonheur de l'apaisement ou l'on accepte l'autre « en l'état », comme ces véhicules d'occasion qui ne seront plus jamais exempts de défauts.

« Qui s'interroge se répond toujours mal » nous suggère Alain.

Il précise encore pour désigner clairement ce mal qu'il perçoit en nous : « Chacun fait beaucoup pour son commerce ou pour sa carrière. Mais communément on ne fait rien pour être heureux chez soi »

Les gens curieux qui se livrent à l'observation de leur entourage pour y percevoir les signes d'une aptitude au bonheur, à défaut d'une pratique, s'étonneront des folies qu'ils vont rencontrer.

La spontanéité subit maints verrouillages, l'élan se réprime, le don se réduit à son formalisme. L'explication simple, l'information utile, le commentaire neutre qui apaiseraient étonnent lorsqu'ils surviennent tant ils sont rares... L'expression de la vie se réduit à des minimalismes énervés où des démonstrations perfectionnistes autarciques.

Il y a aussi ces griefs amers du défaut de partage dans la prise en charge des taches quotidiennes... Faute d'organisation l'un se plaint du poids à porter et l'autre paresse. Lors d'une autre tache de nature différente les reproches vont s'inverser.

La querelle vient bientôt.

Les positions égocentriques s'accentuent dans leur énonciation. Les parties plaident leur cause en plaignants et non en sujets en relation avec un autre sujet... Tout fait alors prétexte au désamour et justifie la rupture.

Dans nos temps de facilité, où la coopération n'est plus une nécessité permanente, chacun devient défensif et revendique une position limitative et protectrice. On pourrait, avec une meilleure audace, dire un art de ne pas vivre ensemble.

Alain nous dit : « Les sentiments vrais sont des œuvres ».

Aimer demande du talent et peut-être du courage. Au moins de l'intelligence.

Nous entrons dans des temps d'appauvrissement culturel et émotionnels. Nos moyens immédiats d'agir et de communiquer favorisent les impatiences et les avidités. La profusion d'objets, de solutions et de réponses, désenchante les incertitudes, les palabres et leur aimable rituel, les attentes délicieuses du choix et des partages réalisés.

Avoir un peu d'âge apprend que la satisfaction ne vaut que si elle est différée, tout plaisir doit advenir à son terme. Lacan nous annonçait, en psychanalyste avisé, la prompte chute de tout désir trop vite comblé.

Nous n'avons probablement pas pris la mesure du dommage qu'il y a à gagner du temps.

La philosophie, et même le sens commun, demandent des latences que nous n'avons plus. Les échéances contraignantes, les sollicitations et les pressions de tous ordres se bousculent et accaparent le mince espace où le désir entretient de manière gourmande son indétermination, ses projets et même son improbabilité.

Le bonheur demande une espérance déraisonnable et une assiduité absurde. Ce qui nous tombe dessus par hasard quand on bat la campagne dans une errance sans argument n'est que la bonne ou la mauvaise chance du jour. Le bonheur réclame une prise de consistance. Il faut beaucoup de sens pour ne pas prendre part à une querelle sur des causes ou à une prise impulsive d'intérêt dans une affaire encore obscure… Mais c'est dans cet évitement-là que se cache peut-être le bonheur…

Le bonheur et le hasard

Etre heureux par l'effet de ses actes ou de son talent n'est sans doute pas une péripétie occurrente…

Suivons Alain dans une excellente parabole musicale.

« Personne n'a jamais eu l'idée de jouer au hasard sur un piano. La musique est même de tous les exemples le meilleur ; car elle ne se soutient, même dans le chant, que par volonté, et la grâce vient ensuite, comme l'on dit quelquefois les théologiens, mais sans bien savoir de quoi ils parlaient. »

Ainsi mon esprit transcende ses pensées ordinaires par cette harmonie qui l'environne mais également celle qu'il crée. Il trouve sa place exacte dans l'espace. J'anticipe parfois ces moments que je favorise peut-être en me prédisposant. Quelque ressort secret en moi connaît le mécanisme et les accès de la transmutation.

Il ne s'agit pas de ces satisfactions profanes que procure le plaisir lié à toute activité.

C'est un état plus élaboré qui demande une soumission sans entraves, ni souci, ni considérations contingentes à un ordre universel. Il ne m'engloutit pas, il m'accomplit. Si je ne sais le reproduire, il saura lui-même me retrouver si j'en ai en moi les prémisses.

Bien entendu Dieu ou quiconque d'autre n'y sont pour rien. Je suis le seul lieu de la résonnance.

La sagesse n'y est pas nécessaire, je me livre à la perfection d'un système organisé étranger où je prends part et peut-être même fonction...

Ainsi l'esprit s'apaise à contempler l'harmonie constante d'un ciel étoilé qu'il a su apprivoiser en en dressant la carte exacte...

Il en est de même avec les notes et les mots. Le beau est là, mais il a fallu concevoir l'esthétique. L'état heureux qui en résulte est cette projection me dispersant dans l'universel où je m'engloutis. Le ciel est à tous, comme le verbe et la musique. Il n'y a ni privilèges, ni droits d'accès, ni règlement d'usage.

L'histoire humaine mène à de semblables accomplissements par les sympathies qu'elle éveille avec ce monde dont nous sommes issus et dont nous portons les stigmates et les blasons. J'y ai rencontré Socrate, Marc Aurèle et Voltaire.

Qui s'y engage avec moi est nécessairement mon ami.

Ce n'est pas que j'aime à partager mon bonheur qui m'est jalousement propre, mais l'échange des sensations parallèles qui en font le creuset m'est infiniment précieux.

L'Univers, le temps enfui et présent, l'état humain, demandent cette convergence sensible dans l'affinité du moment qui ne se partagerait pas sans communauté de culture.

Dans notre monde humaniste, parfois sot de cela, dirait Voltaire, les nouveaux penseurs s'imaginent en capacité de contribuer au bonheur du prochain en développant quelque conception sociale prenant toute misère en charge. Ils tentent de répandre le bienfait en tout lieu comme une manne en s'attribuant ce pouvoir auquel Dieu a renoncé lui-même depuis un certain temps... Le bonheur deviendrait ainsi un objet commun...

Mais le bonheur n'advient que si l'on en entend bien la musique. Le profane demeure analphabète de ses meilleures émotions. Sortir un soir pour distribuer du bonheur est la chose la plus folle que l'on puisse imaginer.

Alain est là sans complaisance :

« Il n'y a point d'occupation plus vaine que de verser du bonheur dans les gens autour comme dans des outres percées ; j'ai observé que ceux qui s'ennuient d'eux-mêmes, on ne peut point les amuser ; et au contraire, à ceux qui ne mendient point, c'est à ceux-là que l'on peut donner quelque chose… Bref il ne sert point de semer dans le sable ; et je crois avoir compris, en y pensant assez, la célèbre parabole du semeur, qui juge incapable de recevoir ceux qui manquent de tout. »

Seuls ceux qui ont déjà commencé à marcher en s'en appropriant le plaisir peuvent saisir ce qu'est cheminer agréablement.

C'est à l'automne des engagements de toute une vie que l'on goûte enfin vraiment le bonheur dans ces cachettes que l'on ne pratique pas ordinairement, mais dont notre esprit et notre corps découvrent patiemment depuis l'enfance les lieux secrets entre les rochers.

Aragon écrivit : « Maintenant que la jeunesse chante à d'autres le printemps, il fait beau comme jamais… »

On éprouve alors cette sensation puissante et indiscutable de se trouver enfin là où il convient que l'on soit. L'usage en est parfois paradoxal ou même inconvenant. L'individu dans son bonheur est égoïste, voire cynique. Son regard sur le monde est détaché…

Rien n'est justifiable ou probatoire sur ce chemin qui ne dépend d'aucune science.

Il n'existe aucun ouvrage initiatique et encore moins pédagogique instruisant au bonheur. Seul l'innocent, ou l'escroc, s'aventure au prosélytisme diffuseur des pratiques heureuses.

La multitude de publications qui cherchent à nous convaincre, nous stimuler où nous mener vers l'état heureux par quelque révélation nouvelle est suspecte.

Bouddha lui-même énonçait que ce n'était pas facile, qu'il ne suffisait pas de payer, qu'il fallait là une transformation interne qui élève l'esprit sans couper de la réalité…

Le bonheur en huit leçons ou en dix semaines est un appât pour les gagas et les gogos…

Si le bonheur est seulement de croire, il faut aimer inconditionnellement l'escroc qui nous conduit en toute certitude vers la félicité.

Les fondateurs et les officiants des sectes de bienheureux tirent généralement un réjouissant et souvent lucratif parti des adhésions qu'ils obtiennent.

Le bonheur ne s'argumente pas et il est outrecuidant d'en vouloir faire la leçon. Il n'est pas davantage de hasard, ou d'apprentissage secret qui le ferait découvrir. C'est ce talent en soi qui trouve sa voie, reconnaît son étoile et sa musique pour en faire pratique, ou se perd.

A la source des signes magiques

Le rationnel n'est que cette faible partie émergée du psychisme humain dont nous croyons tout connaître par cette part saisissable que nous tordons en tous sens. Nous nous cramponnons là par toute l'énergie dont notre conscience est capable.

Nos anciens ne croyaient pas que tout puisse résulter d'eux-mêmes. Ils contemplaient le ciel, la nature et les mouvements des êtres et des objets comme émanant d'un ordre au-delà de l'état humain. Alain nous le rappelle :

« Les hommes ont vécu pendant des siècles et des siècles d'après des signes comme si tout l'univers, par les nuages, la foudre et les oiseaux, leur souhaitait bonne chasse ou mauvais voyage... »

Ceux qui lisaient ces signes tenaient chacun en haleine :

« Un certain œil sera toujours sorcier »

Le sens surgit à la synthèse des signes. Il vient un temps où ils sont propices et deviennent partagés. L'interprète guette dans les baguettes, le sable, ou les viscères d'un sacrifice, ce qui devient promesse magique...

L'osmose avec ce mystère fait exulter ou se restreindre l'appétit de vie. Ce qui vient là est comme cette parole des Pythies de Delphes qui venait signifier le destin promis ou à accomplir.

Chacun naît dans l'infinie succession des désirs et des attentes qui l'ont précédé. Bien des cultures sont encore attentives aux injonctions des ancêtres dans leurs étranges manifestations.

Le Chinois et le Balinais puisent leur assurance dans la certitude de ces continuités où ils viennent à point pour occuper leur place. Ils s'y savent attendus.

Dans nos cultures nous n'avons plus de ces inscriptions déterminantes. Mais venir dans un désir qui nous a précédés se ressent dans les signes de l'entourage. On sait vite les fées qui se sont penchées sur tel ou tel berceau...

Naître dans ce bonheur d'autrui de nous voir né donne un élan qui se démentira peu. Certains portent les stigmates d'une naissance triste ou inopportune...

L'humain est une résultante. Elle s'entretient par la persistance secrète des déterminations, mais aussi par l'émergence des nouveaux signes.

Alain nous décrit cette communication expansive que l'on connaît parfois dans nos rencontres et nos fêtes :

« Cette joie affichée sur les visages est bonne pour tous… il est profondément vrai qu'un signe joyeux dispose à la joie celui qui le lance. D'autant que par l'imitation ces signes sont renvoyés sans fin. »

Il y aurait ainsi des porteurs de joie, comme de ces porteurs de sens dont fut Socrate.

D'autres se chargent des peines. On connaît l'irrémédiable de ce destin lorsque l'on tente de réjouir les porteurs constants de mauvaises nouvelles par les meilleurs procédés.

Mais il n'est de signes joyeux qu'en nouvel an, nous dit aussi Alain. De manière ordinaire l'humain de notre temps est généralement contrarié et le laisse voir, ce qui peut-être pire que de l'exprimer :

« Il y a de ces visages qui portent affichés comme un blâme universel. En ce cas fuyez si vous le pouvez. Car il faut que l'homme imite l'homme ; et me voilà, par le jeu de mon visage et sans que je puisse m'en rendre compte, me voilà moi aussi à blâmer.

A blâmer quoi ? Je n'en sais rien. Mais cette couleur triste éclaire toutes mes idées et tous mes projets. Je cherche des raisons en ces idées mêmes et en ces projets mêmes. Je cherche des raisons et j'en trouve toujours, car tout est compliqué et il y a des risques partout. Et, comme enfin il faut agir et se risquer, quand ce ne serait que pour traverser une rue, j'agis sans confiance, c'est-à-dire moins vivement, moins librement. »

Fuyant ce marasme contagieux, chacun pourrait certes s'octroyer l'instant heureux qu'autorise cet autre sourire franchement confiant qui n'est rien d'autre qu'un signe déterminant échangé.

Ainsi, au-delà de la joie convenue, rituelle, collective et parfois forcée des fêtes, chacun pourrait prendre conscience de ce pouvoir qu'il détient de faire apparaître à tout moment les prémisses du bonheur de manière quasi magique par sa seule attitude:

« …disposant de vos pensées selon les signes, vous prendrez quelque forte résolution de ne jamais lancer, au long des mois à venir, aucun signe empoisonné, ni aucun présage qui puisse diminuer la joie de quelqu'un ; ainsi d'abord vous serez forts contre tous ces petits maux qui ne sont rien, et dont la déclamation triste fait pourtant quelque chose. Et par ce bonheur en espoir vous serez heureux tout de suite. C'est ce que je vous souhaite. »

Veiller à cette qualité d'affichage est sans doute le meilleur soin que l'on puisse accorder au bonheur d'autrui... Les Romains soupçonnaient certains aruspices de tricher dans leurs augures pour obtenir de meilleures contributions par des prédictions plus encourageantes. La dynamique créée faisait qu'elles se réalisaient par un effort de tous dans un meilleur espoir partagé. Les plus malins des diseurs de sort demandaient beaucoup mais fournissaient quasiment toujours d'excellents présages. Ainsi font aujourd'hui les politiques, les docteurs et les économistes avisés. C'est aussi la fonction de la publicité tellement envahissante de nos jours...

Le chiffre d'affaire de certains est directement proportionnel à l'impact de leur belle mine.

Rien ne sert de se plaindre d'être mal loti, on n'en retirera aucun avantage. Il faudra alors espérer un secours social...Mieux vaut afficher sa santé, sa bonne humeur et quelques certitudes de bon aloi...

On peut certes protester légitimement contre le mauvais sort, les abus et les injustices....

La revendication n'est rien si elle ne se porte de manière quelque peu lumineuse. J'ai le souvenir de certaines négociations salariales dans la bonne humeur qui eurent des conclusions heureuses. On fit ailleurs une fête pour une assez rude cessation d'activité. La concurrence invitée réembaucha dans le mouvement un certain nombre de licenciés...

C'est aussi là le secret de certains retours d'affection. La bonne mine et l'humeur joviale de la compagne ou du compagnon que l'on vient de quitter donne parfois quelques regrets. L'ordre du monde le plus compromis se rétablit parfois par de simples signes.

Ma grand-mère, heureuse de fort peu, regarda un jour en face avec un léger sourire ce docteur de campagne saisi d'ennui pathologique qui avait pris le goût morbide d'écraser chiens et chats avec sa puissante voiture. Il venait juste de rater le vieux matou de la maison... Il ne soutint pas ce regard paisible juste un peu ironique. Il lisait là trop crûment l'évidence de son désespoir et sa folie. Le chat vivant se cambrait de mépris pour la stupidité automobile. Il alla bientôt ronronner de bonheur dans un recoin chaud où sa place était assurée...On n'entendit plus parler des écrasements intempestifs.

Epictète auquel son maître avait mis la jambe dans quelque appareil de supplice avait averti : « Tu vas la casser ! ». La jambe cassa. L'esclave témoigna en souriant : « Je te l'avais bien dit... ». L'assomption philosophique de l'esclave par l'anecdote qui circula fit la déchéance du maître. Le sens du monde antique changea en cet instant.

Les signes de joie et d'intelligence sont fondateurs.

Le bonheur n'est pas à haute altitude, c'est au niveau de l'exact et de l'essentiel qu'il peut apparaître et se voir validé.

Alain rapporte cette historiette qui nous semble donner sens et faire épilogue à ses propos :

« Un tout petit garnement qui ne faisait jusque-là que farces et gribouillage, un jour fit proprement le tiers d'une page de bâtons. La maîtresse passait dans les bancs et donnait des bons points ; comme elle ne remarquait seulement pas ce tiers de page tracé avec tant de peine :

-Ah ben m... alors ! Dit le petit garnement ; et il dit la chose tout crûment, car cette école n'est pas au Faubourg Saint-Germain. Sur quoi la maîtresse revint à lui et lui donna un bon point sans autre commentaire ; il s'agissait de bâtons et non de beau langage. » ; Cet enfant avait failli avoir été heureux de son effort pour rien.

Si l'on voit quelqu'un d'heureux, peu en importent les raisons ; l'effort interne qu'il a fait sur son désordre demeurera inconnu de tous, y compris de lui-même, s'il n'y a une validation. Il a franchi un seuil qui met au monde. N'oublions pas de lui offrir ce bon point de notre sourire...

Rien n'est plus beau qu'un cancre heureux d'avoir dépassé son état. On connaît l'excellence des larrons repentis. Encore faut-il qu'on ne les ait pas roués avant.

L'intelligence, un peu plus de liberté et un bonheur possible...

Réussir en affaires, se mettre en harmonie avec son environnement humain, réduire sa souffrance ou se découvrir un nouveau dynamisme semble à la portée de chacun. Connaître et nommer les facteurs, les freins, et les modèles des mouvements pertinents de l'esprit devrait conduire à cette maîtrise qui nous échappe parfois... Les sciences humaines y prétendent. Explications et conseils foisonnent.

La psychologie appliquée et les méthodes souveraines sont partout. Il suffirait que l'un de ceux qui se proclament experts en matière humaine, nous fasse prendre conscience de nos errements pour que nous émergions dans un bien-être efficace mettant en harmonie nos actes et nos sentiments...

Cette prétention emplit les annuaires.

L'affaire n'est pas si simple. Il se pourrait même qu'elle résiste à l'approche savante et aux bonnes volontés les plus compétentes et les mieux intentionnées.

L'intelligence comme l'amour ne sont pas des pratiques rationnelles ni même vraiment intentionnelles. Il leur faut le support du désir. Leurs manifestations ne se programment pas mais font surprise... Les réactions de l'amoureux et du malicieux échappent aux meilleures prévisions.

L'esprit humain réducteur vise à fixer l'objectivable par les voies les plus sûres, probantes et vérifiables. Les faits, les situations et les relations, demandent certes une réduction conceptuelle de leur complexité faite de données multiples, asynchrones et divergentes. De l'axiomatique commune aux schématisations scientifiques, il faut que l'explicatif promette découverte des causes, solutions et résultats et puisse être prédictif pour toute répétition à venir..

L'esprit se plait également à imaginer en toutes circonstances des équilibrations réparatrices compensant quelque déficit. On peut rajouter ainsi une meilleure couche de communication, de stratégie, de médiation, de social, etc., sur une situation insatisfaisante. Les faits expliqués et améliorés de manière quasi scientifique deviennent ainsi rassurants et abordables.

Malheureusement une part, parfois majeure, des évènements nous échappe toujours malgré cet effort de mise en ordre. L'esprit humain n'est jamais parvenu à cette maîtrise à laquelle il aspire.

C'est alors que la réflexion se transforme mystérieusement et sort des sentiers battus. Fatigué du sempiternel siège de Troie Ulysse imagine de subvertir les défenses par son inconcevable cheval.

Ici l'intelligence ne réduit plus, mais va au-delà des systèmes et des méthodes reconnues. Elle s'attache à saisir des aspects cachés selon des angles exploratoires nouveaux. Le possible n'est plus restreint par les stratégies communes. La vigilance intelligente s'appuie certes sur les connaissances, l'expérience, les nécessités de la réalité, mais elle répugne à l'usage « circulaire » et convenu des concepts et des schèmes familiers et disponibles, elle désire davantage... Cette contrainte que l'on s'impose à soi-même peut se définir comme « L'attitude réflexive ». Ce n'est plus simplement le bon usage des situations et du monde qui nous guide, mais cette curiosité qui pousse à la mobilité, au dépassement, à la découverte.

Un nouveau rapport aux objets s'instaure.

On peut citer le bain d'Archimède révélant une relation à l'eau indépendante de la propreté, du rafraîchissement, et de l'agrément retiré de la flottaison légère du corps.

La malice d'Arlequin le poussant à la ruse et aux détournements de mission pour que la pièce devienne vivante, nous amuse et finisse bien au bénéfice constant de l'amour et de la jeunesse, relève aussi de cette intelligence-là.

Alexandre plus brutal et pragmatique trancha simplement le nœud Gordien. Il avait peu de temps et la prémonition de devoir mourir jeune.

Machiavel dit encore que la conduite aléatoire des affaires humaines demande cette pensée politique sans cesse en anticipation de moyens inédits qui sauront faire surprise. La pondération raisonnable rassure, mais c'est par l'imagination que se gagne le terrain.

La position intelligente est excentrique (polysémie nécessaire !). On y oublie son image habituelle et les multiples conditionnements et empreintes. Elle échappe aussi à cette crainte corrosive des attentes exigeantes et critiques des autres qui nous pousse à régler, à faire vite et à produire des effets visibles et convenus. L'intelligence est solitaire même si elle s'appuie parfois sur quelques complicités. Elle implique également cette part de prise de risque au-delà des limites ordinaires. Il faut trois idées folles pour une belle trouvaille... Mais personne n'est obligé de raconter tout ce qu'il conçoit en pensées d'abord saugrenues. Le brassage continu du vécu, de la culture, d'une philosophie implicite est une alchimie inconsciente et secrète. Seul importe le plaisir quasi jubilatoire de l'énonciation transcendante de la découverte.

Il n'y a rien là de ces jouissances perverses minutieuses et codifiées qui visent à maîtriser formellement les objets et les êtres. L'intelligence aime les rebondissements et la surprise. Les tensions qui l'inspirent s'échappent dans l'amusement des paroles devenues plus légères et parfois du rire lui-même...

Enfin l'intelligence est souvent modeste. Si l'on n'a souci ni de statut, ni d'image, ni de réussite manifeste ou de l'opinion d'autrui, une certaine liberté de pensée permet mieux de saisir le juste, le vrai et les enjeux partagés. Le Moi s'oublie là où l'invention émerge.

Les bons leaders inscrits dans la pratique intelligente savent peu qu'ils le sont. Ils ne se regardent pas trop et écoutent peu les commentaires sauf s'ils y reconnaissent une pertinence menant au-delà des restrictions ou de jugements... Leur esprit n'a que faire d'être rassuré, il veut qu'on l'étonne.

Ne s'identifiant pas à la lettre à leur fonction et leurs titres, ils ne sont pas asservis à des « expertises » savantes où la pensée perd le meilleur de sa liberté... Les psychanalystes voient là cette association libre selon la logique infiniment combinatoire de l'inconscient qui ouvre les portes surprenantes du rêve et de la nouveauté. La parole émergeante est plus ici qu'un effet de l'individu. C'est un produit des milliers d'années de culture humaine dont chacun possède des traces. Lacan voyant la montée de nos civilisations matérialistes et technologiques cherchant leurs réponses dans l'objet du jour redoutait la venue de temps de pauvre culture. Il avait sans doute raison.

Mais dans le management d'aujourd'hui fait d'hyper compétences on rencontre encore avec bonheur ces gens ayant quelques Lettres qui les font incontestables meneurs d'hommes.

L'intelligence est souvent considérée comme un don, mais elle naît là où il faut inventer. Les conditions difficiles, les contradictions, l'exigence des entourages naturels et humains, la sollicitent de la meilleure façon.

Les routines des conforts et des pédagogies bienveillantes la sclérosent. Faute d'entraînement, l'exercice de l'intelligence devient hasardeux, rare et parfois même impossible à terme.

De tous les primates l'homme est le moins apte naturellement par ses moyens physiques. Il lui faut un autre outil.

Le développement intellectuel des enfants de certains groupes nomades sahariens est sensiblement supérieur à âge égal à celui de ceux des sédentaires des oasis qui sont pourtant mieux scolarisés. Vifs, ingénieux et impliqués dans le système complexe de connaissances et d'opérations nécessaires à la survie dans le désert, leurs aptitudes cognitives en sont stimulées...

Les exigences d'un milieu qui demande à l'enfant une accommodation constante vont former les esprits les plus adaptables... Il vaut sans doute mieux avoir commencé l'entraînement tôt tant que les circuits de traitement ne sont pas trop frayés par les modèles de l'école et des familles. L'intense flambée « représentative » du monde entre deux et quatre ans induit les accès figuratifs, opératoires et symboliques que le langage reprend ensuite. Nos enfants choyés et nos adolescents qui échappent aux rudes contraintes initiatiques des civilisations passées sont-ils suffisamment sollicités ? Doit-on déplorer la disparition du Certificat d'Etudes et du Service Militaire ? Les exigences molles et ambivalentes d'aujourd'hui sont sans doute pernicieuses...

La survie de l'espèce passait par l'intelligence, la détermination, la créativité, la prise de risque, le cumul de l'expérience chez les anciens. La fonction des chefs de horde et de clan était primordiale.

Il est surprenant de rencontrer la vision, la capacité de synthèse et la qualité de jugement de certains chefs de village de contrées particulièrement isolées et pauvres qui n'ont aucun mastère en ressources humaines. Nos pays développés ont effacé les repères sociaux traditionnels, spirituels, symboliques et opérants. Ils persistent ailleurs et évitent sans doute la désagrégation sociale complète des nouvelles nations artificielles d'Afrique ou d'Asie où l'administratif résiduel des temps coloniaux contiendrait mal à lui seul la dimension humaine.

Même dans nos Etats développés, il suffit d'écouter autour de soi pour réaliser que tous nos excellents et protecteurs formalismes réglementaires sont peu satisfaisants... S'ils ne sont pas assortis d'un bon sens commun des agents et des usagers ils induiraient même une multiplication de situations délirantes engendrées par des formalismes toujours inappropriés.

Notre époque regorge de ressources et protections. Il n'y a aucune nécessité à grandir vite. L'originalité et la promptitude d'esprit gratifient peu. La dépendance infantile peut encore se cultiver dans l'âge adulte sous forme de névroses marquées par l'insatisfaction et la revendication sans que nul ne s'en étonne outre mesure. Le souci bien intentionné de conformer pédagogiquement l'enfant à nos schématisations va le rendre « compétent » dans le cadre de disciplines reconnues et susceptibles de validations. Il sera rarement créatif de manière plus polyvalente.

On peut même se permettre au plus haut niveau d'avoir des responsables et des leaders assez médiocres dans l'exécution et de faible imagination sans qu'il y ait péril extrême.

Le recours à l'intelligence n'est pas usuel. La majorité des gens l'envisagent comme une contrainte exténuante et n'en perçoivent pas le côté passionnant. Si l'on décrit les conduites du commun en termes de développement cognitif, peu d'entre nous vont au-delà du stade des opérations élémentaires et des idées reçues dans leur traitement quotidien des situations. Chacun s'étonne, voire se scandalise, lorsque surgit une idée nouvelle quelque peu paradoxale ou que l'on voit un proche faire usage d'un moyen original peu conforme aux coutumes.

Mais les situations familiales et professionnelles d'aujourd'hui n'ont pas de bienveillance... Les réalités matérielles, les conflits de positions et d'intérêts, les tensions émotionnelles n'ont jamais été aussi violemment infligées sans possibilité de régulations par le groupe social. L'individu solitaire, jaloux de son désir, qu'il soit en position dominante ou subordonnée, se plie de moins en moins aux contraintes et aux compromis que nécessiterait le collectif.

Les problématiques nouvelles résistent aux solutions d'école. La multiplication de positions individuelles et leur difficulté de conciliation ne sont vraiment modélisables par aucune technologie managériale fondée sur une théorie des groupes ou des organisations. Il m'est arrivé de répondre à certaines équipes qui attendaient une bonne réponse du consultant que je fus quelque temps :

« Il va sans doute falloir être intelligent tout le temps... »

Je n'en fus que médiocrement remercié. Cela ne mettait pourtant pas la compétence et le professionnalisme de chacun en doute.

Il n'y a peut-être pas là d'autre formation que ce « Connais-toi toi-même » qui inspirait Socrate. Nos esprits portés au factuel, aux procédés convenus et aux mises en acte formelles gagneraient à cette réflexivité réversible qui caractérise l'intelligence et permet les détours opportuns. Avec un zeste d'amour, car l'intelligence aime les partenaires complices.

Chacun a éprouvé un jour le plaisir d'avoir un collègue, un collaborateur, un dirigeant intelligent qui sache entrer dans ce jeu où la compétence et l'autorité ne suffisent pas.... Toute pratique se joue dans ce bonheur d'acteur qui permet d'échapper au corsetage d'être soi. Tantôt Professeur, tantôt Matamore, tantôt Pierrot, et à l'occasion Arlequin, la scène donne ce plaisir nécessaire qui faisait imaginer les mythes et construire des théâtres à nos prédécesseurs.

Le spectateur peut alors s'étonner de sa propre histoire et prendre cette position Tierce du Petit Prince ou de Gulliver toujours étonnée du monde dans sa lucidité nouvelle...

Le dépassement des rigidités, des certitudes et des croyances s'opère là, dans cette excentration poétique..

Le Moi trouve au spectacle sa juste place entre le gendarme du « surmoi » et le voyou du « ça » ; le psychanalyste avisé verra là ce glissement des instances inconscientes avec ces partages possibles confiés au Moi qui permettent à tout groupe humain de fonctionner.

La scène nous ouvre au jeu de nos conflits intra et inter psychiques, si souvent conflictuels. Nous y recevons le bâton et recueillons les embrassades. Cela suffit à nous apaiser. Quiconque a vu jouer Molière ne peut qu'en sortir heureux. L'humour nous y attendait. Il faut cette envie folle de rire parfois du pire pour supporter le meilleur formel qui est souvent si triste...

Le repos des sages...

A Carlo Moïso

Ce qui vaut dans la leçon ne prend vraiment sens que par l'effacement du maître. La voie irrémédiable du décès met le transfert hors des humeurs et des incertitudes passionnées de l'attente d'une prochaine rencontre. Le savoir passe dans l'au-delà...

Ma parole impatiente n'atteint plus celui par qui elle prenait sens. Je n'ai plus à en calculer et surveiller les inflexions. Cette présence devenue familière qui me rassurait en m'interrogeant n'est plus, il me faut placer ailleurs cet espoir de reconnaissance, voire d'absolution, par une parole vraie. Dans cette nouvelle solitude je deviens à mon tour l'ancien qui fera face à la mort.

Voici le temps émotionnel du deuil qui fait lien et partage autour du défunt. Mais passé le moment des pleurs, l'absent nous lègue son rapport à l'universel. Inconditionnellement.

Son esprit est encore là, ainsi qu'aux meilleurs jours de sa présence, dans la puissance d'une pensée qui va au-delà des apparences avec cette exactitude sereine qui nous réconcilie avec les ambiguïtés de l'état humain.

L'homme n'est rien s'il ne sait faire signe post mortem à ceux qui, comme lui, ne croient pas qu'ils sont les premiers à tracer des chemins.

Le bonheur de tout esprit est d'avoir en lui ses bons morts qu'il cultive en toute amitié.

Marc Aurèle cite précisément ce qu'il doit à chacun de ses prédécesseurs. Montaigne trace les limites relatives des positions humaines sur la carte de son immense culture. Montesquieu jette un regard distancé sur nos organisations et l'empirisme de leurs lois. Voltaire nous rappelle que le meilleur des mondes ne saurait être l'effet de la seule philosophie. Il souligne aussi cette façon constante dont l'évènement emporte généralement l'homme au-delà de toute raison. Sauf s'il a quelque usage de la réserve vertueuse et sache en faire autorité ainsi que le fit Zadig qui devint Prince de Babylone.

Alain nous montre enfin comment l'esprit simple est prompt à démêler le sens de toute chose ordinaire au-delà des contingences et des péripéties. Mais cet effort le rend enclin à l'humeur maussade si nul écho ne l'encourage. Dans cette solitude il connaît peu l'usage de la joie et sait mal montrer la voie à ses enfants. C'est pourquoi il convient d'éclairer le chemin de cet honnête homme de quelques propos pertinents.

Ces puissants auteurs passés n'ont nulle recette, mais au-delà de nos affects et de nos doutes ils introduisent un partage profond qui donne force au-delà du constat du douteux état humain. Maints best-sellers d'aujourd'hui vous ouvrent la voie du bonheur en dix exercices et huit jours… Cela nourrit finalement nos immenses poubelles.

J'ai relu récemment Marc Aurèle et Saint-Exupéry. Faute de père suffisant, avec de tels amis on ne saurait se sentir seul…

La parole et l'écriture d'aujourd'hui visent, comme toute chose de notre temps, au profit et à la démonstration rapides. Il reste cette lenteur des récits de jadis où l'on fait encore de belles rencontres. Personne n'ajoute de pierre plus décisive aux tas qui font repère au long des parcours hasardeux de chacun.

Le « Toujours davantage » impitoyable de l'évolution a engendré l'appétit matérialiste irréversible dans la voie de l'expansion qui emporte l'enfant et les adultes immatures que nous demeurons… La mort seule sait y faire limite.

Elle impose à tous une soumission à un Ordre Supérieur qu'il faut bien finalement reconnaître. L'esprit se veut immortel. Pour qu'il le soit, il doit énoncer haut la règle, la loi et l'acceptation dans une volonté de survivance par la parole et l'écrit, transcendant les pièges des intérêts, du temps et des tentations.

Socrate découvre la parole exacte en mourant condamné pour cette inconcevable audace .La vérité s'articule ici à la mort dans un instant suspensif d'enjeux qui fonde la philosophie. Aucune tricherie ordinaire n'est permise là.

Socrate connaissait son destin et acceptait sa fin. Il demandait seulement que la cité lui accorde la retraite méritée des valeureux au Prytanée pour la tâche qu'il avait menée au seul bénéfice des citoyens d'Athènes.

L'individu d'aujourd'hui s'exonère ordinairement de cette responsabilité citoyenne. Il demeure l'enfant aveugle de ses croyances, de ses jeux hasardeux et de ses désirs. Son souci éthique n'est plus sacré, mais se rallie à son intérêt ou à quelque dogme partisan qui le rassure. Son pauvre patrimoine ne fera qu'un débat intéressé de famille.

Le sage lui, s'est oublié lui-même en nous laissant seulement son empreinte en cadeau… A nous d'en découvrir l'usage… Ce creuset signifie constamment une meilleure paix où gît l'aptitude mystérieuse à être heureux. N'avoir rien hérité de l'esprit de ses ancêtres est un drame majeur. Malheur à l'homme sans bibliothèque. Venant de nulle part il sera livré au néant.

Le sage écoute ces enfants du désastre qui parlent de leurs doutes et se plaignent des négligences et des harcèlements qui les accablent. Il est là. Son esprit est déjà libéré des pesanteurs et des contraintes. Il dit certes la loi et le juste, mais son attention s'exerce surtout à capter les signes d'amour et d'intelligence qui feront parole et promesse. Avant même d'être mort il discerne l'authentique qui permettra l'émergence du sens et l'avenir.

Il est ce lien qui permet la traversée.

Ainsi les anciens savaient tout ce qu'ils devaient aux morts et leur rendaient scrupuleusement hommage... Se préparer à mourir était une tâche sereine où l'on trouvait un certain bonheur à rejoindre ceux qu'on savait gardiens de notre mémoire.

Mourir de nos jours tient davantage de l'effacement. Nous disparaissons.

C'est un acte correct qui mobilise les proches une paire d'heures entre deux activités urgentes.

L'héritage matériel n'a pas de mémoire.

Malheureux celui qui avance sans l'amour et l'intelligence de ses morts

Quand Parménide entrevit Dieu

Socrate encore éphèbe rencontra, nous affirme Platon, le vieux Parménide qui professait une étrange doctrine dans un monde Grec déjà divisé et sans cesse changeant.

La raison immuable de l'homme saurait saisir le vrai au travers de l'infinie variabilité du vécu et du sensible perçu. Mais maints évènements l'en écartent. L'être corporel, porté à l'abus, suit ses pulsions et les chemins jaloux de son clan.

Ce principe commun d'exactitude propre à l'esprit humain se cristalliserait dans le concept de Dieu qui devient ainsi immanent et quasi nécessaire... Il n'y avait pas encore là une réfutation du Panthéon Grec installé sur l'Olympe, mais quelques éléments précurseurs de sa subversion. Le Pharaon Akhenaton avait déjà proposé l'unicité du principe divin à l'Egypte qui n'en voulut pas. Moïse l'exporta au-delà de la mer Rouge...

Plus de cinquante ans après sa rencontre avec Parménide, Socrate entreprit d'affirmer le primat des énonciations universelles justes issues des quêtes libres de l'esprit sur les énoncés inspirés par les enjeux, les appétits, les apparences, voire les intérêts ou les prétextes du moment et de l'appartenance...

Convaincu d'avoir là son destin Socrate se le fit confirmer par l'oracle de Delphes qui faisait foi. Il se mit alors à enseigner la vocation spécifique de la parole à l'exactitude dans une Athènes où l'on en faisait, comme partout ailleurs, d'autres usages. Il fut condamné à boire le poison par une majorité soucieuse de bienséance…

Socrate but avec une assurance qui donna un point fixe à la pensée humaine. Cela lui importait bien plus que sa vie.

L'esprit appartient à tous avec ce potentiel infini et éternel de concevoir le vrai. Vouloir le confisquer et s'en faire un privilège est fou. L'accès à la lettre est universel.

Mais chacun triche. C'est ce qui engagea Socrate à assumer mortellement ce mandat divin.

Il en était à cet âge où l'on peut faire complicité avec la mort pour adresser des pieds de nez à tous ceux qui se glorifient et abusent de la parole à leur avantage. Il rit sans doute encore du cadeau merveilleux qu'on lui fit en l'assassinant.

La démonstration demeure d'un principe immuable et universel qui pourrait faire un sage de chacun d'entre nous…

En convenir impliquerait de faire quelque peu le deuil des avantages acquis.

Chacun sait cependant qu'il fraude en négligeant le juste.

Parménide avait saisi l'essentiel. L'humain sait, bien qu'il s'en défende. Même l'enfant en bas âge connaît ses abus et la justesse de leur sanction. Il suffit pourtant que quelque naïf prétende « Il faut écouter les enfants, ils ne mentent jamais », pour que la petite créature devienne exécrable en toute quiétude faisant son miel de la présomption d'innocence.

Mentir s'apprend par les bénéfices qu'on y découvre. On persévère quasiment en connaissance de cause en constatant que ça marche. Que ça nous dérange de tromper la confiance d'autrui est une question subsidiaire dont on s'arrange assez bien.

Le langage permet le partage Universel de la raison. Nous sommes loin d'avoir épuisé les effets de ce potentiel de conscience collective. Nous concevons nos conduites par leur intérêt et leurs buts. Nous pourrions également le faire dans le respect de l'ordre équitable que l'on pressent mais dont on ne veut rien savoir quoi que l'on puisse affirmer.

Cet effort nous dépasse. Parfois de années de négociation ne suffisent pas à convenir du raisonnable entre gens de bonne éducation ayant fréquenté les bonnes écoles. Le juste principe entre parties ne s'impose jamais d'emblée.

Il y faut un effort rituel car nul partage n'est acquis sans sa trame symbolique.

La nature nous enseigne pourtant les rudiments de l'échange de manifestations de prestance, de contacts, d'effets de menace, d'attitudes d'apaisement pour que deux individus trouvent un terrain d'entente. Même les partenaires sexuels naturels prédisposés à assurer l'avenir de l'espèce doivent se plier à un rituel complexe et codifié.

L'épinoche mâle, qui n'est qu'un modeste poisson, ne peut espérer copuler qu'après avoir accompli exactement une dizaine de manifestations comportementales convenables qui vont convaincre la femelle... Devenir chef de meute dans la moindre horde de loups demande une constance, une rigueur, une attention dans les pratiques, qui rebuteraient la plupart de nos politiques. L'oiseau de belle espèce ne se reproduit pas sans avoir exactement dansé pour sa belle en concurrence farouche avec les mâles de la contrée…

Certains primitifs dans des Iles australes avaient ritualisé leurs guerres par un nombre restreint et convenu de victimes. Pour sceller l'alliance elles étaient, dit-on, parfois consommées dans un repas commun concrétisant le partage équitable des vertus respectives de chaque clan. Nous ne sommes pas tenus aujourd'hui à une communion aussi charnelle mais rien ne nous empêche d'en saisir la lettre.

L'humain, femme ou homme, est un être de parole. Cela lui permet d'avancer travesti de sens représentés et symboliques sans cette prise de risque que doit assumer nu tout organisme vivant sans langage. Le détour par la parole évoque sans trop s'exposer et permet d'éviter ces preuves et épreuves que la nature exige sans cesse pour d'autres espèces.

Mais il divise aussi et s'écarte de la perfection possible de l'énoncé Socratique formel pour se dévoyer dans d'autres objectifs plus immédiats. Mais pour avancer vers quoi ? Quels artifices ? Quels prétextes ? Quelles justifications ?

L'esprit humain commun porte une promesse de perfection formelle universelle à terme dans le faire et l'être, mais d'autres objectifs plus immédiats ont tôt fait de le séduire et de le dévoyer….

Les examens nocturnes de conscience sont aussi fugitifs que les rêves.

Exister engage à des compromis coupables et à quelques abus de position…

Chacun connaît bien ses fautes, mais elles ne demandent au premier chef qu'une repentance symbolique de ce l'on sait parfaitement avoir fait de condamnable. On voit peu aux Assises le criminel repentant revendiquer sa juste punition. Il invoquera plutôt maintes circonstances atténuantes.

Seul Dieu, exempt d'appétits matériels, saurait s'offrir le luxe insensé du détachement qu'exigent le juste, le vrai et l'équitable.

Nul n'est innocent et le sait parfaitement.

Jésus énonça à la foule prête à lapider la femme adultère : « Que celui qui n'a jamais pêché lui jette la première pierre ». Nul n'osa faute de se savoir pur.

Jésus pacifiait. La foule a besoin d'un leader virulent qui l'anime pour s'engager aux excès qui la flattent.

Frustrée en cette circonstance, elle a pris depuis maintes revanches.

C'est pourquoi l'on se débarrasse des prophètes gênants pour nos mauvaises pratiques, en les reléguant sous forme de reliques dans un sacré poussiéreux. Les pires d'entre-nous peuvent même consacrer leurs méfaits à la plus grande gloire de Dieu en se prétendant défenseurs de la seule vraie foi et de la vraie doctrine. Il ne proteste pas.

La parole des anciens au-delà des enjeux était jadis redoutable… Elle touchait juste.

Aujourd'hui on retraite prudemment les hommes et les femmes qui atteignent le temps de la lucidité et du détachement. On évite ainsi certains scandales des aveux et des dénonciations au nom du vrai.

Les vieux qui partent après avoir largement profité de leurs abus respectent généralement cette loi du silence qu'a brisé Socrate.

Un vieil administrateur m'a dit un jour où je moralisais à juste titre du haut d'une fonction où je préservais l'intérêt collectif : « Qu'est ce que tu nous emmerdes pour la gloire ! Là où tu es, fais comme les autres, sers-toi ! »

J'ai su que Parménide avait raison. L'homme porte en lui un principe sacré unique et universel dont on ne sait s'il est constitutionnel ou donné par Dieu. Mais plus avides de jouissances usufruitières que de justice ou de bonheur exacts, on en a égaré la notice. Et il n'y a aucun service après vente.

Chacun a à charge de conserver le juste savoir.

Patience et allègements

Nous sommes accaparés par des impatiences pulsionnelles toujours émergentes dans de nouvelles urgences. Il faut également entretenir les inlassables répétitions névrotiques tâtonnant entre illusion et incertitude. Le souci de notre apparence sociale nous tient en haleine… Il reste peu de temps pour le bonheur.

On évoque la perfection de moments révolus dans la sublimation nostalgique de souvenirs magnifiés. On espère l'advenue de ce partage amoureux du vrai dans le petit monde qui nous entoure. On s'étourdit par tous ces objets et ces mouvements qui stimulent et troublent notre désir…

Mais l'agitation de tant de représentations gâte l'émergence du bonheur. Elle ne saurait toucher que les esprits et les corps en repos seulement attentifs à la sensation dont l'étrangeté apaisante nous pénètre…

Le désir se saisit des objets de toute nature qui le causent, le bonheur est seulement fusion dans un choix imaginaire quasiment consensuel avec l'objet. Certaines pantoufles ou une vieille pipe peuvent en devenir des éléments constituants.

Les objets des heureux ne sont plus matière, être, leurre ou spectacle. Ils s'harmonisent à ces sensations de l'âme qui détachent des contraintes et des pesanteurs.

« Je n'ai pas maigri, je me suis allégée » disait innocemment une femme heureuse revenue d'un temps de souffrance.

La présence d'autrui et le corps lui-même ne font plus inquiétude et contrainte. L'étrangeté sous toutes ses formes est apprivoisée par l'esprit. Ce qui nous entoure devient fidèlement ce que l'on veut.

Ainsi l'amant attentif, le jardinier, l'architecte, l'artiste en viennent à ces moments où leur soin les rend partie de l'œuvre. Leur énergie n'est plus effort. Chaque temps les porte dans une nouvelle harmonie faisant corps avec eux-mêmes.

C'est par lévitation que l'on se rend aux rendez-vous amoureux. Leur cadre devient cette perfection qui lie la pierre, le végétal et l'eau. La paix d'un instant prend une dimension éternelle.

Le maître qui conclut audacieusement sa partie d'échec est hors du monde. L'ermite dans sa cellule renouvelle en lui la ferveur de sa foi. Le poète imagine les métaphores exactes et transcendantes qui s'épanouissent sous sa plume. L'alcool et le tabac viennent là avec cette sympathie rituelle qui apaise les organismes. Les tensions du groupe rassemblé autour de médiocres prétextes se dissipent dans les fous rires…

Le chrétien jadis s'adonnait au martyre où il était chéri par Dieu lui-même.

Il est des moments où les pensées confuses sur nous-mêmes nous quittent avec leur cortège d'incertitudes... La plénitude d'être moins soi dans une étrange dilution nous saisit d'une nouvelle liberté. Les autres eux-mêmes perdent cette consistance irritante qui rend leur présence parfois si difficile à supporter... Ces échappées se moquent du lieu, du moment et des contingences. Elles ne nécessitent pas ces appareils qui nous poussent à la politique, à remédier ici ou là au malheur d'autrui, à améliorer son apparence ou accroître sa gloire, à tirer profit de quelque commerce, voire à sauver la planète. Le bonheur nous amènerait plutôt au jardin accorder nos soins à quelques légumes ou bulbes floraux de bon aloi...voire à une culture plus suspecte du chanvre ou du pavot en amateur et en poète...

Les gens les plus aptes au bonheur perfectionnent leurs œuvres jusqu'à ce point d'apaisement où l'on se sait sur un chemin.

Quelle que soit la difficulté de la tâche ils savent la rendre légère... Pour qui ? Pour quoi ? Qui le sait...

Ils portent en eux une harmonie qui les entoure comme un décor aimable. Ils présentent peu ces aspérités défensives qui hérissent tant de nos semblables. Le langage leur vient à point et à propos... Ils n'en font pas cet usage tentateur de la pique et du persiflage... Soucieux de protéger leur propension secrète au bonheur ils sauront répondre malicieusement « Parce que ! » à tous les « Pourquoi ? » qui sont rarement bien intentionnés.

L'individu étranger au bonheur est astreint aux justifications, aux besognes et aux démonstrations probantes. Il se retrouve dans ce doute structurel où il lui faut les prétextes, les plaintes, les trucages, les revendications et finalement les symptômes.

Une pression interne répétitive le pousse à être Don Juan condamné à séduire, Alceste astreint à fuir la médiocrité de ses semblables, Tartuffe feignant l'ascèse et la contrition dans des buts inavouables, Argan jouissant de ses maladies...

Dans la comédie Italienne seul Arlequin tirait profit du moment qui passe sans quelque compulsion à poursuivre son fantasme et entretenir une apparence qu'il aurait prise pour lui... On ne sait s'il fut heureux, mais il faisait avec joie les malices opportunes dont tous riaient se jouant des gens sérieux. Cette hilarité unanime montre bien qu'il était dans le vrai.

Quelle école enseigne tout cela ?

Connais-toi toi-même

Consacrer ses meilleurs soins à soi-même comble notre esprit en occupant notre corps. Il n'est nul besoin de voyage extraordinaire, d'objet fascinant ou de pratique étonnante pour parvenir au même état de satisfaction.

On peut aussi mettre toute son imagination et son talent dans un engagement original échappant aux conventions, voire même au sens commun. Cela produit le même effet.

Un facteur nommé Cheval construisit un palais baroque avec de lourdes pierres transportées chaque jour dans sa sacoche. L'étrange résultat final apporte la sérénité de manière aussi certaine que les meilleures ascèses corporelles ou spirituelles. Le fait que l'objet soit visible engendre en outre un surcroît de plaisir qui doit être proche du bonheur…

Mais chacun n'est pas apte à s'occuper de lui-même ou à construire son palais imaginaire.

Le goût commun porte davantage vers le registre social où l'assentiment de la foule nous authentifie.

Devenir responsable politique, bel athlète, scientifique réputé, commerçant enrichi, bon docteur ou sage vertueux nous mène au forum où l'on acquiert un rang à la mesure de nos prétentions et de certains savoir faire… Ainsi on accède parfois à cette réussite, récompense morale finale attribuée aux constances, aux accointances, aux assiduités, aux disciplines, aux effets déterminés de volonté, au terme d'une belle croissance. Mais ce bonheur ultime qu'il y aurait à avoir réussi son ascension sociale est une vision naïve.

Tout sommet atteint implique que l'on en redescende. Il va falloir bientôt que l'on en vise un plus haut, plus risqué et parfois mortel. La foule versatile encourage et admire déjà le grimpeur suivant.

Les stylites antiques se perchaient sur une colonne dans une position proche de Dieu dont la foule pouvait témoigner de façon constante. Cette mode de se statufier vivant est passée. Mais on rapporte qu'elle générait une belle jouissance dans ce bonheur aérien.

La fuite hors de soi dans des conquêtes, des maîtrises, des savoirs et des gloires est une tâche infinie comme celle du fameux Sisyphe qui roulait vers le sommet d'une côte un lourd rocher bientôt rejeté dans la pente par la pesanteur.

Il eut été plus sage s'il avait pensé à mettre une cale immobilisant le bloc dans un endroit agréable et ombragé où il aurait pu suspendre l'inlassable effort.

Dans la conduite redoutables des projets chacun aspire au lieu de repos où quelque résurgence d'émotions enfantines, d'images tirées des contes ou du souvenir d'une satisfaction passée, nous signifient précisément : « C'est là ».

C'est dans ce point qui est aussi en soi que l'on découvre finalement ce qui convient à notre histoire. Socrate était parvenu à cette connaissance de lui-même qui lui permettait le discours exact et l'autorisait à interroger scrupuleusement autrui.

Le « Connais-toi toi-même » gravé au fronton du temple de Delphes donne à chacun la voie de son propre destin...

Ceux qui fuient cette connaissance de leur justesse intérieure échouent généralement dans leur parcours, gâchent leurs amours, se découvrent seuls et font prospérer les thérapeutes.

Peu de grands des mondes politiques, des affaires et du spectacle paraissent apaisés. On les voit plutôt portés par le renouvellement de quelque fièvre d'énonciation ou d'image. Les « trompettes de la renommée » les entretiennent résolument dans cet état. « A l'homme de la rue j'avais des comptes à rendre », nous chante Brassens...

Les individus heureux n'ont sans doute de comptes à rendre à personne. Ils ont quelque temple intérieur secret et habitable où ils pratiquent leur foi devenue intime.

La ferveur collective et partagée des immenses foules médiévales ne reviendra plus. Il ne reste que ces redoutables illuminés convaincus de détenir la vraie et seule foi qu'ils veulent nous faire partager de gré ou de force.

Nous n'avons plus ces rituels communs que les primitifs pratiquaient dans leurs initiations et leurs communions avec la nature... Il ne reste à chacun que sa religion secrète.

L'un des managers les plus inspirés que j'ai connu trouvait ses meilleures ressources dans une puissante collection de timbres. Il n'en tirait aucune gloire manifeste, mais je l'ai vu se recueillir autour du Catalogue avec d'autres adeptes. Ce partage du Chemin était profondément rassurant. L'homme était juste, opportun et pertinent. Le timbre fait foi. Il me demeure un goût des structures que je sais tenir d'une passion du mécano.

Le bonheur adulte est certainement une récompense profonde que l'on se fait au nom des fortes assiduités de l'enfant que l'on fut. L'assentiment des autres ne peut que venir là à point sur la trace d'un petit bonheur d'enfant

Les compulsions apprivoisées

Il est banal de rappeler les racines infantiles des conduites qui s'expriment dans ces formules névrotiques, hystériques et obsessionnelles, que chacun pratique occasionnellement à l'occasion et à sa mesure...
Quoi que l'on s'en défende chacun reconnaît les siennes à l'usage...
Cette ex-compagne étudiante nous étonnait jadis de ses ambivalences amoureuses dont elle souffrait elle-même assez cruellement. Elle réclamait sans cesse des preuves d'amour qui mettaient ses élus en devoir de renouveler des engagements plus que contractuels. Cette compulsion s'exprime aujourd'hui dans un redoutable profil commercial qu'elle exerce à une altitude quasi sidérale. Le client simultanément séduit et tenu en haleine ne peut que consentir aux signatures.
Le pénible symptôme est ainsi devenu un heureux choix professionnel....
Ce camarade d'adolescence qui sortait peu et dont on s'étonnait des rituels sans fantaisie, tient des comptes rigoureux dans une organisation d'envergure. Son silence distant et ses pratiques maniaques impressionnent et lui confèrent une autorité incontestable...
Ces structures psychiques infantiles portées à séduire, tromper, s'évader, persuader, mettre à distance, prennent chez chacun des plis particuliers. Elles peuvent faire à terme gène ou usage.
Ainsi ces vins qui prennent valeur et force dans leurs éléments astringents de jeunesse et se typent ensuite dans de tardifs et surprenants arômes
L'un de mes compagnons de route en réflexion sur l'étrangeté de l'état humain écrivit dernièrement un excellent ouvrage sur le bonheur d'être névrosé...
Mais il n'est pas certain qu'une prise de conscience de ces particularités infantiles névrotiques dans la pièce Œdipienne aboutisse toujours aussi heureusement à un usage opportun. Le symptôme n'a pas vocation première à pourvoir au bonheur... Il est d'abord un signe de souffrance et d'insatisfaction que l'on adresse au monde.
Le changer de destination ce serait comme tirer parti de sa laideur, de sa tristesse ou de quelque disgrâce physique... C'est une voie difficile. Ceux qui la suivent vous le diront.
Devenir clown ou humoriste passe, dit-on, par une traversée du désespoir avant cette reconstruction légère.

Œdipe découvrit que l'espoir amoureux ne saurait se réaliser en famille alors que cela semblait couler de source. On raconte encore le désastre de méconnaissance qu'il connut en épousant sa mère et tuant son père. Nul n'est obligé d'aller ainsi au terme accompli du destin enfantin. Mais de l'avoir porté un temps nous laisse dans le fantasme de l'insatisfaction ; la mère est interdite et le père ne laisse pas sa place.

Devenir adulte c'est gérer l'avortement de l'amour Œdipien… Chacun doit traiter cette énigme. Le psychanalyste seul peut en écouter les péripéties.

Il nous manque les rudes rituels initiatiques qui marquaient le terme de l'adolescence et donnaient ce courage des anciens qui quittaient le foyer parental, construisaient leur maison, fondaient une large famille et défrichaient les collines…

Mais sortir de l'enfance est toujours difficile. Peut-être encore davantage que jadis dans notre monde illusoire, affolant par ses facilités et son apparente opulence.

Tirer partie de son histoire amoureuse infantile exige de surmonter des épreuves constructives et étranges. Chacun peut s'exercer à les redécouvrir dans ce qu'il s'est imposé

Transcender sa compulsion à être aimé et reconnu en demeurant dans un état inachevé va demander des efforts constants et une ascèse qui accouchera peut-être d'un adulte.

Névrosé certes, mais sachant faire bon usage de ce qui lui est permis.

Pas tout, mais bien

La meilleure étude pour la plupart d'entre nous serait de vivre au village d'antan où rien n'était acquis, peu importe où, sans bourse universitaire ni chèque familial. Cela n'existe plus. Il faut en faire la fiction…

Le vieux du coin rompu aux attentes, aux silences et aux malices saurait au bout de deux ans l'aptitude au bonheur de chacun.

Il n'aurait aucun besoin de livre qui en aurait défini l'essence, ni d'aucun titre pour l'évaluer.

Certains choix qualitatifs dans être et faire sont probants. Ils ont peu à voir avec cette propension à en parler qui est d'abord un produit d'école. Le propos instruit soutient surtout les projets dans leur apparence et finit parfois même à tout justifier… Cela ne rend pas heureux.

C'est dans l'action engagée qu'apparaît le sens et le plaisir.

Un ami que j'avais connu en grande souffrance m'apparut enfin heureux de manière évidente et sans nulle déclaration. Je sus indirectement (il ne parlait ni de son sort, ni de son état…) qu'il s'était réduit à un choix draconien dans ses engagements, ses relations et ses intérêts. Il n'avait gardé que ce qui lui faisait sens. Je n'ose dire le meilleur par modestie, car j'en étais pour petite partie. Il n'avait pas rejeté tout ce superflu, qu'il s'était longtemps imposé comme nécessaire par maints scrupules idéologiques et politiques, mais il retrouvait son domaine et savait avec qui il avait rendez-vous.

Cette simplicité par laquelle on réduit son univers à ce que l'on juge plaisant et gérable nous échappe souvent. Elle mérite le rappel.

« Ce que tu fais, fais le bien », disait le compagnon à son apprenti. Il ajoutait prudemment :

« Et si tu ne sais pas faire, ne fais rien. »

Cet essentiel rassure. On n'est pas obligé de tout faire ni de satisfaire tous à tout prix.

Les sages eux-mêmes doutent que Dieu puisse attendre de ses parfaits les plus dévoués cette vertu extrême qui les amène au martyre par surenchère. Il préfère sans doute des exactitudes plus simples.

Ce que l'on sait de lui au travers de son fils indique qu'il était attentif au partage à table et au confort de ses disciples. Si on le crucifia, il n'avait pas recherché la béatitude du sacrifice mais fut victime d'un malheureux concours de circonstances et d'un médiocre gouverneur Romain. Certes les promesses de félicité éternelle post mortem ont un certain attrait...

Ce n'était pas ce bonheur qu'il cherchait... Il pensait davantage parvenir à ses fins par une application exemplaire au juste en toute chose.

C'est ici et maintenant qu'importe le mérite humain.

Faire bien ce que l'on sait faire et y prendre goût, nous intéresse davantage. C'est à soi-même que l'on fait le cadeau de sa capacité.

L'exactitude, le souci de qualité et la fidélité supportent bien leur homme.

Certaines enquêtes sur la souffrance au travail montrent que le pire risque pour le professionnel dans une organisation, c'est d'éprouver des contraintes de fonctionnement qui ne lui permettent pas de bien faire son ouvrage. Cela surprit les enquêteurs qui attendaient davantage de revendications sur la malheureuse condition de salarié et les pressions de l'encadrement porté aux formes sournoises de harcèlement....

Ce souci de la qualité de la tâche elle-même devient surprenant dans ce temps où l'homme nous passionne tant que nous n'avons plus souci de ce qu'il est censé faire.

L'homme aime son travail avant toute autre chose pour peu qu'il ait du sens.

Devoir présenter au monde une œuvre imparfaite, par manque de moyens de réalisation, hâte productive, faiblesse des procédures de contrôle, est parfois un souci pire que les aléas personnels

On ne saurait être heureux que du talent que l'on a mis dans ses tâches. Mais il faut ici devenir prudent. La négligence ordinaire gagne des points tous les jours par cette pression qu'exercent la demande et le temps. Les organisations veulent l'extrême dans le profit et le rendement.

Le trop d'efficacité n'engage pas au bon usage. L'homme et l'objet ont besoin du même soin patient. Le changement incessant qui les périme et les dépasse leur convient peu... Cheminer là n'est pas le bonheur, c'est un défi insensé au vide que crée le monde marchand pour installer de nouveaux besoins.

J'ai connu un petit cambrioleur méticuleux et modéré dans son art. Excellent par le soin qu'il apportait à sa pratique, il fut très rarement pris et sut quasiment se faire absoudre dans les situations où cela advint tant il était aimable. Le choix judicieux, la variété et la modestie des larcins le rendaient constamment heureux ce qui contribuait à moduler ses craintes. J'avoue l'avoir parfois envié.

Je me souviens aussi de ce guide de randonnée qui annonçait dans le redoutable effort de la première montée que l'organisme allait bientôt secréter de puissantes endorphines euphorisant les malheureux essouf-flés dans leur petit calvaire. L'annonce faisait effet.

La pente n'était plus hostile. Chacun s'appliquait à donner une meilleure qualité à sa marche.

Les sourires détendaient les visages.

Le bonheur n'a pas de loi. Il vient lorsqu'il a place nette, lorsqu'on lui en donne le temps et que quelqu'un nous fait garantie de sens et d'excellence par son jugement impartial...

L'idée ou le mot suffisent parfois...

Tout fait ordinairement prétexte pour éviter les transgressions heureu-ses. Il faut que quelque péripétie survienne pour permettre l'énon-ciation permettant l'échappée. Une idée incongrue et aventureuse survient alors et fournit le germe....

Le bonheur est paradoxal. Pour comprendre cette étrangeté Alain nous rapporte une anecdote de guerre dont chacun tirera ce qui lui semble digne d'intérêt :

« Un caporal d'artillerie, le même qui me disait : « Nous n'avons plus peur ; nous n'avons que des transes », vint un jour à mon abri avec un visage qui exprimait le bonheur « Cette fois, dit-il, je suis malade. J'ai la fièvre ; le major me l'a dit ; je le revois demain. C'est peut-être la typhoïde ; je ne tiens plus debout ; le paysage tourne. Enfin c'est l'hôpital. Après deux ans et demi de boue, j'ai bien mérité cette chance-là. » Mais je voyais bien que la joie le guérissait. Le lendemain il n'était plus question de fièvre, mais bien de traverser les agréables ruines de Flirey, et pour gagner une position encore pire. »

Dans ses propos c'est la seule fois où Alain nous raconte un peu la guerre en s'autorisant une pointe discrète d'ironie. Le bonheur ? C'est ici en filigrane de s'être échappé un instant de l'enfer. Par les mots et l'imagination.

Un autre bon mot de cet homme que l'on venait d'opérer d'un cancer de la gorge nous plonge dans cette transcendance que permettent les jeux polysémiques. Il articulait : « On m'a coupé la verve… ». Cela le mettait dans cet état d'amusement qui confine au bonheur…

Cette métonymie opportune la portait au-delà de l'angoisse.

Mise en acte

Certains n'opposent aucun frein à leurs pulsions ou leurs envies, ils tentent par tous les moyens d'obtenir ce plaisir dont ils connaissent le mode et les voies… La satisfaction est leur fin avec cet inconvénient qu'elle ne dure pas et qu'il va falloir la répéter…

D'autres prônent à l'opposé une abstinence et une retenue dont la raide dignité parait leur apporter un bienfait du meilleur aloi. Cette position génère parfois des crampes.

L'addiction qui pousse à consommer de façon croissante des plaisirs répétitifs et l'inhibition dans la jouissance ascétique sont aux extrémités des quêtes humaines de réalisation de soi.

J… était un homme charmant d'un certain âge souffrant d'une difficulté à aller vers les autres gâtant sa vie par un sentiment d'impossibilité et d'impuissance. Depuis de longues années il n'avait pas de relation intime ou même de lien affectif tendre avec une quelconque dame, ni seulement de ces complicités masculines dont l'apparence futile cache la rassurante profondeur…

Il ne théorisait pas cela en philosophe définissant cet état navrant comme une excellente façon d'être. Il en souffrait et n'avait ni l'audace, ni peut-être même le goût, d'aller vers les prostituées ou de fréquenter ces bars où chaque buveur devient vite un ami du jour, voire des lendemains …

Ce n'était pas non plus un cynique cachant sa dérobade derrière un choix abstinent justifié par l'argument qu'une fois saisi par le sexe l'homme devient le jouet de la femme et y perd le meilleur de sa liberté. Son état ne lui suggérait aucun dépassement philosophique, esthétique, fallacieux ou humoristique…

Il écrivait son carnet de frustrations et de déboires avec une persévérance qui ne se soutenait d'aucun espoir d'un possible. Cet enfermement en soi était probablement d'une extrême sécurité, mais peut-on ainsi éviter la vie ?

Quels signes dispensait-il pour tenir ainsi autrui farouchement à distance ? Quel fantasme frappait son corps d'un interdit intransgressible ?

Les thérapeutes qu'il consultait étaient dans la mode de l'estime de soi et de la prise de confiance qu'il suffisait d'appeler pour les voir apparaître et nous engager aux activités ordinaires de la vie en compagnie d'autrui…

Malgré les plus estimables suggestions thérapeutiques aucune audace nouvelle ne lui venait, aucune auto- valorisation induite ne le fortifiait. Les efforts d'amélioration de son apparence et de son contact n'amenaient rien de neuf dans cet isolement… Pourtant J … était relativement élégant et s'appliquait à être avenant…. Bien des rustres analphabètes, grossiers et affublés de hardes étaient autour de lui accablés d'amis et de compagnes assidus…

Nous avions parfois des échanges d'écrits.

Un jour il me proposa de me soumettre ses notes les plus intimes, il savait que je connaissais son mal. M'en parler n'était pas facile ; je n'étais pas de nature à dispenser avis ou conseil et nous aurions été tous deux gênés par une démarche incongrue.

Mais l'écriture transpose dans ce registre où l'aventure intérieure devient communicable par le biais littéraire. C'était sa tentative. On jette dit-on ainsi des bouteilles à la mer ou de manière plus suspecte sur cet Internet tellement fréquenté par des navigations douteuses…

Un peu de temps passa. Le carnet était rangé dans mon tiroir.

J. allait sans doute mieux. En le croisant j'avais noté un meilleur dynamisme et parfois relevé un regard porté sur les gens de l'un ou l'autre sexe où l'on ne sentait plus cette crainte a priori de l'étranger nécessairement hostile…

J'avais ce carnet d'une centaine de pages. Je le lus. A la page soixante le répétitif morose du quotidien mélancolique se déchira. Il avait retrouvé une ancienne collègue de travail et ils s'étaient salués quelquefois.

Il me faut ici lui laisser la responsabilité de l'écriture que je rapporte avec sa permission :

« Elle m'avait invité à venir boire un verre, ce qui est une promesse. Voire même un encouragement décisif pour les natures prudentes comme la mienne et promptes à la dérobade. Je me mis à rêver d'une façon quasi délirante dans un espoir invraisemblable et fou. J'avais subrepticement avalé cette pilule qui garantit une tenue suffisante dans la tâche hasardeuse d'entretenir le feu de l'action. L'initiation de l'activité amoureuse prend un certain temps avant de s'avérer concluante aurait dit l'excellent humoriste Fernand Raynaud... Je n'étais certes plus tout jeune.

J'entendais l'eau couler sur le corps féminin dans la salle de bain voisine. Plutôt qu'une fièvre impatiente je ressentis un immense apaisement m'envahir. L'appartement était frais et convivial.

Je m'allongeai, je me dévêtis. Quelques minutes ou quelques heures plus tard je fus étonné de me retrouver là. Nu sur un lit étranger. A coté de moi elle me souriait. Son visage était détendu. Elle remarqua avec exactitude :

- Toi au moins, tu n'es pas emmerdant !

Elle avait raison. Dans le dépassement serein du convenu qu'était mon paisible endormissement j'avais évité le doute, l'effort, la persévérance et peut-être probablement l'échec. Mieux, nous étions devenus tacitement complices... Nous avons ri ensemble dans ce détachement qui est peut-être l'essence même du bonheur. Je découvrais avec un étonnement sans bornes et quasiment émerveillé qu'il est parfois des partenaires qui savent apprécier le paradoxe des situations...

Ce sentiment de la perfection de l'accompli sans que l'on ait été obligé à rien, ni même à être vraiment là, envahit ma conscience. Rien n'était à expliquer ou à justifier.

Nous nous sommes revus quelquefois, mais sans songer à emprisonner l'autre. Nos poursuites imaginaires ne se chevauchaient pas. Nous étions libres. »

Je ne sais si J... avait eu des rapports sexuels avec cette excellente dame. Il n'en avait rien écrit. Mais quelque temps plus tard il se mit en ménage avec une autre. Je lui rendis son carnet en le félicitant sur la qualité du style et la finesse d'analyse.

Grain de sable au cœur de la philosophie

Tout irait pour le mieux dans le meilleur des mondes scientifiques possible s'il suffisait d'analyser les situations en toute logique selon les excellents outils que dispensent les écoles. La science rend la réalité commune. Cela ne peut que fonder un dialogue paritaire et équitable.

Mais l'interlocuteur s'avère parfois peu Cartésien. S'il est de mauvaise foi, de petite intelligence, porteur d'intentions hostiles ou nuisibles à notre égard, voire caressant un projet cupide ou glorieux qui nous soit étranger, il sera impossible de l'amener à raison. Les concessions que nous ferons ne seront que des faiblesses dont il saura faire usage.

C'est alors que notre habileté prendra tout son sens. Dérogeant aux règles ordinaires de la raison et de l'équité, nous saurons établir un rapport à armes égales avec l'abus de position et d'intentions qu'on nous inflige.

Chacun apprend un jour ce qu'il en coûte en amour et en affaires de pratiquer la sincérité et l'honnêteté en parfait candide. Le bonheur est certes fait de croyance et d'espoir. Mais s'il ne se garde sur ses arrières, son innocence inspirera les traîtrises ou même l'assassinat.

Qui ne voudrait être heureux et partager avec tous cet aimable état ?

Le bonheur demande ces sécurités périphériques que l'on s'assure par les meilleures armes ou d'excellentes clôtures.

« Si tu veux la paix, prépare la guerre » disait le Romain avisé. Bien entendu il s'agit d'anticiper celle que quelqu'un ne va pas manquer de nous faire.

Je n'ai jamais vu de bonheur naïf qui sache durer.

Ceux que j'ai vu sereins dans les tourmentes au travers du temps portaient sur eux ces signes qui éloignent les malfaisants. La parole ferme, l'épaule large, le poing dur et la décision prompte que l'on devinait en eux soutenaient la tranquillité de leur esprit.

L'être malingre que l'on sent sûr de lui a souvent un redoutable couteau dans sa poche. Qui eut imaginé l'irrésistible ascension d'Hitler dans le petit homme un peu compassé et même ridicule ?

La violence en soi

J'ai longtemps été craintif. Toute violence physique, même simplement suggérée ou hypothétique, m'anéantissait... Peut-être cela était-il du à un passé d'enfant malingre que l'on bousculait souvent par jeu dans ces cours d'école où le petit homme apprend la réalité brutale des rapports sociaux. Le regard bienveillant et humaniste des enseignants qui se promènent de long en large en devisant, montre déjà l'aléatoire du recours à la loi contre la violence ordinaire faite aux faibles par les rustiques qui ont grandi tôt.

Les dommages aux biens dans les jeux d'enfants paraissent préoccuper davantage les adultes que ces persécutions discrètes et féroces ...

Les garnements vigoureux mesurent la force de chacun et s'attaquent à ceux qu'ils sentent en incapacité de riposte. La victime, privée elle-même de souffre-douleur, en est réduite à cette solitude des fragiles.

Pour me rassurer quelque peu je me suis initié aux arts martiaux dès que l'âge m'en a donné la possibilité...

Ceux qui imposent une domination musclée et transpirante, comme la lutte, demandent un poids et une force que je n'avais pas. J'enviais ces Dieux vivants des japonais que sont les sumotoris.

La science stratégique des ruptures d'équilibre provoquées du judo me tenta quelque temps et j'y pris quelques leçons. Mais le rituel poli et les attaques convenues mettaient trop à distance la violence rustique et directe que je redoutais.

La précision répétée des coups de la boxe ou du karaté aurait bien répondu à mes vœux. Mais il me fallut faire un constat rapide, je manquais de souffle et de constance dans l'agressivité.

L'entraineur me dissuada. Je voyais bien qu'il ne discernait pas en moi les qualités requises pour qu'il puisse prendre intérêt à m'enseigner son art.

Je me retrouvais donc exclu d'une initiation valeureuse à la confrontation physique qui m'aurait certainement conduit à la belle assurance de ceux qui savent s'opposer à la force d'autrui.

Cette position me laissait insatisfait.

Un détour de l'esprit m'amena à considérer l'adversaire potentiel non comme cet autre redoutable qu'il me fallait craindre, mais seulement comme un corps qui devait bien avoir des points faibles.

Même Achille pouvait être vaincu par sa fragilité du talon.

Je m'attachai alors à découvrir ce qui mettrait l'ennemi hors de combat d'une manière décisive. Faute de dominer, de maîtriser ou de saouler de coups, il convenait de faire mal.

L'attaque directe et décisive de points sensibles devrait économiser les incertitudes de l'affrontement.

Je fis quelques hypothèses à partir de quelques évocations cinémato-graphiques ou littéraires.

Enfoncer vigoureusement ses doigts en fourchette dans les yeux, écraser le larynx, aplatir rudement du genou ou tordre férocement les testicules, me semblaient des pratiques intéressantes dont il convenait de cultiver la technique.

Se battre loyalement est un effort déplaisant où l'on aura nécessairement le dessous face à ces rustres vigoureux qui provoquent, sûrs de leur force. « Si tu dois frapper, il faut que tu donnes par surprise un coup décisif », m'avait enseigné un expert en combat de rues...

Il me mima les pratiques efficaces dont l'usage lui avait fait une assez belle réputation dans son quartier.

Mais ce fut un paisible intellectuel qui me révéla la botte secrète... Ces gens ont un vrai besoin d'excellents procédés économiques pour apprivoiser la vie et se laisser ainsi le temps infini et délicieux de penser.

Face à l'ennemi qui s'avance il fallait préparer ostensiblement ses poings pour mobiliser son attention à ce niveau, attendre d'être à portée, puis promptement et sans aucun préavis, savater violemment du plat du pied sa jambe d'appui au niveau du genou.

Si l'on impose à cette articulation un mouvement inverse à sa nature, la douleur fulgurante qui accompagne la perte d'équilibre désamorce instantanément les intentions les plus belliqueuses...

Cette idée séduisante me suffit. Je goûte mieux l'harmonie du monde grâce à elle. Je circule sans couteau en poche ou pistolet à la ceinture.

Je souris même parfois en rêvant au potentiel d'auto-sécurité que je m'assure.

Je pressens qu'à mon assurance certains ont l'intuition de cette capacité secrète que j'aie à les rendre boiteux.

Serviabilité...

J'aimais rendre service... Chaque planche de travers chez autrui demandait mon clou. Je me mêlais de tout ce qui réclamait un ordre qui tombait sous le sens. Je percevais avec promptitude la réparation et l'aménagement qui sauraient améliorer l'environnement de mes proches et voisins. Ainsi le monde semblait perfectible à mes yeux par cette vivacité à dispenser mes services à ceux qui ne demandaient rien.

J'avais également toujours raison dans mes jugements sur les affaires d'autrui. Mais faute d'avoir été sollicité et être partie prenante déclarée, mon rôle demeurait transitoire ou s'effaçait aussitôt. Chacun s'appropriait certes le progrès que j'amenais en se l'attribuant ou ne le voyait même pas. Je finis même par constater que qui se mêle de causes où il n'est pas appelé éveille davantage de suspicion que de reconnaissance, quels que soient les excellents effets qu'il propose ou produise.

De plus par ce secours pertinent au désastre, il surligne lourdement l'incompétence et la négligence d'autrui ce qui se pardonne peu.

Cela laissait cependant une trace dans les esprits. Mes proches m'appelaient en dernier ressort comme ultime recours dans les situations irrémédiables gâtées au point que la seule intervention raisonnable ne pouvait être que la prière.

J'avais jadis donné à un ami thérapeute quelques conseils judicieux pour certains bricolages dont il semblait se soucier. Il n'avait rien entrepris dans le sens de mes propositions, ni d'ailleurs d'une quelconque autre façon. On n'est pas thérapeute sans raisons. Les désordres matériels et ménagers engagent à des débats oiseux et se terminent par une obligation à l'entreprise réelle et besogneuse de quelque tâche ingrate. Il est des sujets meilleurs pour des professionnels qui ont fait le choix de taches paresseuses.

Lors d'une soirée où les libations avaient été abondantes et propices aux épanchements, il me fit part de son souci à mon sujet. Cette manière que j'avais de vouloir porter remède à tout et d'être attentif aux préoccupations de chacun l'agaçait.

Il me dit :

- *Vois, je suis cher et inutile. Je laisse chacun à sa peine et à ses difficultés. J'attends qu'il creuse en lui pour se découvrir des ressources. Pour mes propres enfants eux-mêmes j'exige beaucoup et donne peu. Va un temps en ne te souciant que de toi. Tu seras suivi de regards attentifs. Peut-être même va-t-on te solliciter. C'est en fait ce que tu attends. Tu pourras même peut-être apprendre à refuser.*

Je promène depuis une vacuité sereine. Le besoin des autres ne me fait plus inquiétude. Le mien même en devient moins pressant. L'imperfection du monde me convient mieux.

Cette surcompensation paradoxale des désordres qui me jetait dans toutes les responsabilités s'estompe. Il m'est même devenu indifférent de connaître la nature de cette secrète dette symbolique enfantine qui me portait à la réparation…

J'observe les fuites sournoises et les fissures insidieuses sans me sentir tenu d'en entreprendre le colmatage.

Etrangement, les gens qui me fréquentent me semblent aller mieux. Est-ce une illusion où suis-je moi-même devenu thérapeute à mon insu?

Labeur

Toute tâche professionnelle devient aujourd'hui irritante. Ou du moins il convient de s'en plaindre. Lors d'un repas entre amis une jeune dame se réjouissait de son nouvel emploi sans réaliser que son propos engendrait une consternation générale. Personne ne pouvait renchérir dans ce registre bien que chacun d'entre nous ait une position professionnelle correctement rémunérée et considérée dont il énonçait parfois avec affliction les nouveaux inconvénients.

Mais que serions-nous sans le métier aussi triste et répétitif qu'il soit ?

Je me souviens de ces époques où, dès le matin, les difficultés du jour que m'apportaient la matière et les gens stimulaient vivement mon intelligence. Il me fallait alors être créatif. Je mettais mon esprit en action à tout moment pour apporter à mes fonctions cette pertinence et cette opportunité qui me semblaient de la plus haute nécessité. Je prenais même plaisir à cet engagement émotionnel quantitatif et qualitatif. Je dois avouer que j'y trouvais parfois un certain bonheur.

Mais le monde s'est empli de toutes ces prudences réglementaires où les logiques procédurales montrent bien que se livrer sans mesure à l'activité professionnelle en y mettant le meilleur de son corps et de son esprit crée un danger potentiel et un trouble collectif. Quelques mois dans une place montrent au nouveau combien les anciens, installés dans de lentes et confortables routines, aiment garder leur esprit en paix. Il faut apprendre la modération ou courir le risque d'être rejeté.

Face aux sollicitations et aux contraintes, le dernier venu oublie vite les risques de l'enthousiasme et apprend les détours et les atermoiements.

Les changements, les exigences qualitatives nouvelles, les surcroîts momentanés de tâches, sont ressentis comme de quasi insultes par le salarié vétéran soucieux de son statut et sûr de ses protections morales et juridiques. En fait la loi d'aujourd'hui lui a assigné une position de victime potentielle. Que peut-il être d'autre que ce que le droit fait de lui ?

Bien entendu tous n'abusent pas, mais il y a une certaine tentation latente. On sait tous les excès qui émergent de cette place-là…

Une empoignade virile avec un contremaître fit rentrer un peintre chez lui. Là il demanda à son épouse de le battre avec une vigueur suffisante pour laisser des traces visibles sur son corps. Elle s'exécuta avec entrain… Cela permit un fructueux procès et un licenciement convenable…

Réciproquement, les mises au placard sadiques et la réduction féroce à l'inactivité amènent le salarié visé à l'état dépressif et pré-suicidaire…

82

La loi et le règlement font le lit de ces rapports pervers, mais il faut d'abord que le travail ait perdu son sens. Il n'y a plus d'identité professionnelle forte qui mette la tâche au centre du rapport de travail.

Un certain discours « de gauche » ou « de droite » dans ses déclinaisons de fond de cour ou de bar fait caution à ces dérives. Il n'y a plus le maître d'œuvre et le compagnon mais l'exploiteur et l'exploité. Ce n'est plus aussi exact que du temps de Marx. Le coût de l'emploi dans nos contrées fait que le capital aspire à réduire le nombre de postes de travail... Le processus s'aggrave par la propension syndicale à faire pression sur l'organisation par des expressions de non travail en deçà même du conflit ouvert qu'est la grève. Le devoir de paresse et de désobéissance a bonne presse. La rigidité managériale faite de contrôles, d'évaluations et de divers pointillismes suspicieux lui répond avec la même mauvaise foi.

Seul l'artisan s'active inlassablement. Il se met en position d'inventer, de se multiplier, d'être à la peine ou au plaisir au fil de son activité... Il ne déplore que l'impôt qui lui ôte le fruit de son labeur pour une redistribution obscure dont l'objet et l'équité lui échappent.

Peu de ces petits entrepreneurs sont disposés au recours à l'embauche ...Ils aiment pourtant leur prochain aussi bien que ces politiques qui se font chantres du social. Mais ils redoutent cette incompétence passive et narquoise à laquelle ils risquent de se voir confrontés...

Toute relation de travail contient en filigrane des griefs et des suspicions réciproques.

Les entités économiques d'aujourd'hui demandent des lieux de production où l'humain fait peu souci. On tente même d'en formaliser les profils de manière strictement opérationnelle.

Les nouveaux marchés n'aiment l'individu que lorsqu'il aspire à consommer... Protéger l'homme de cet esprit méthodique de déshumanisation qui se donne des prétextes quasi scientifiques est légitime... L'hygiène, la sécurité et la protection légale progressent mais le salarié devient là un objet. On décrivait ainsi certains enfants placés en institution hospitalière avec les meilleurs soins formels et un personnel parfaitement formé. Ils entraient en graves dépressions et mouraient même parfois dans cette perfection aseptisée.

L'implication devient difficile à créer. Les métiers qui soutenaient leur homme ont quasiment disparu de systèmes productifs d'où l'objet naît quasiment d'effets technologiques et non d'habiles mains humaines. En deçà de l'indispensable énergie commerciale, il demeure un reliquat d'activités intermédiaires parfaitement insignifiantes...

Je côtoie une amie qui besogna près d'un an sur de copieux dossiers nécessaires qu'un changement subit de chef livra au pilon, sans engendrer d'état d'âme chez qui que ce soit. Elle en demeure affectée. N'ayant jamais su quelle cause elle servait, ni pour qui elle travaillait, ni à quoi, elle ne réalise plus elle-même qui elle est. Quel talent en elle pourrait-elle proposer ici ou là ?

J'eus beau lui répéter en multipliant les exemples que ce n'était qu'un épiphénomène qui la concerne peu dans le grand et magnifique gaspillage d'aujourd'hui, elle ne s'en remet pas.

L'ironie seule permettrait de déguster cela comme un plaisir. A choisir elle vaut mieux que l'amertume. Mais mon amie croit encore en la valeur de toute chose et au prix du travail… Sa famille ne cultivait pas l'indifférence blasée ni la revendication égocentrique à tout crin…

J'ai fini par être amusé dans certaines de mes tâches rémunérées de l'inutile laborieux que je m'imposais ou que l'on m'imposait. Cela m'apportait autant de plaisir que les pauses cigarette ou café que je m'octroyais jadis.

On peut même se laisser aller à certaines perversions innocentes.

Rien n'est plus doux qu'appliquer stupidement à la lettre une disposition réglementaire aussi prétentieuse que vaine dans la jouissance d'un zèle affecté. Avec un clin d'œil complice aux intelligences voisines et partenaires…

Dans un certain contexte de désagrégation institutionnelle il m'est même arrivé de menacer ma hiérarchie, qui menait un harcèlement tracassier, de me mettre « vraiment » à travailler. On me pria de n'en rien faire sachant la diligence et la compétence que je pouvais apporter à exhumer l'imprésentable que l'on ensevelissait.

Certains malicieux découvrent que le lieu de travail est devenu le seul où la paresse larvée demeure impunie. Il semblerait même aux dernières nouvelles qu'elle n'engendre plus ce sentiment de culpabilité que l'on éprouvait jadis en n'occupant pas utilement la totalité de son temps.

Maints employés doivent aujourd'hui se remobiliser en rentrant chez eux pour retrouver tonus et productivité et démontrer ainsi un dynamisme ménager qui leur évitera tout reproche conjugal. Ou se construire cette habileté qui permet de feindre l'activité apparente par un calcul opportun dans ses mouvements …

Enfant je croyais et j'espérais. Adulte je laisse croire et je fais espérer. Cette mutation m'adapte aux temps nouveaux. Ce n'est plus celui des gens de qualité ni des vaillants, mais des hommes habiles.

Que sont devenus ces cadres rigoureux et sans complaisance où l'on ne trichait pas de la vraie école, du service militaire pour tous et de l'usine de grand papa ? Nous étions tout le temps en faute et en dette... Chaque sortie apportait l'heure libératrice de la sérénité.

L'être déchu que nous sommes après n'avoir rien fait de bon durant toute une journée au bureau n'est même pas traitable par le meilleur thérapeute. On ne peut que déchoir davantage par une énonciation qui ne repose pas sur une activité réelle.

Mais nul n'exige vraiment de nous d'être actif et ingénieux.

Par un renversement sans doute irrémédiable et dérisoire de l'ordre des choses, c'est nous qui attendons de l'école, des institutions et de l'entreprise ce dévouement respectueux et ces soins qui nous étaient jadis imposés comme un devoir à leur égard.

On peut y lire en miroir ce vœu secret que personne ne s'avoue à soi-même: « Exigez de nous davantage et rendez-nous notre dignité... ». Mais il faudrait un fou pour tenir ce discours effroyablement subversif. La moindre foule ferait vite taire l'inconscient qui se hasarderait à vouloir travailler davantage et mieux pour son bien-être et même son bonheur.

Cette Société a-t-elle vraiment besoin de nous comme bons élèves et futurs citoyens responsables, soldats valeureux pour ses entreprises comme ils l'étaient dans les guerres, ouvriers hautement dévoués et qualifiés pour ses usines, fonctionnaires attachés au service public porté par leurs institutions ?

Un doute s'insinue.

Peut être l'hydre sociale protéiforme qui nous englobe préfère-t-elle des masses malléables, consommatrices, un peu incultes, faciles à distraire et électrices. La classe politique est elle-même sans courage, sans exigence, sans honnêteté et sans autre ambition forte que sa réélection sur des propositions partisanes médiocres et d'essence démagogique. Protestez, elle vous jettera quelques miettes et des promesses. Que vienne un élu porteur de vérités généralement difficiles à entendre, et voulant répondre aux nécessités communes il sera vite rejeté aux oubliettes.

La moyenne supplée partout à l'excellence. Le « pour tous » qui fait dogme éducatif étouffe ces élites audacieuses, souvent issues du petit peuple, qui impulsaient la pensée et l'entreprise en se soutenant de leur culture et de leur dignité. La masse d'aujourd'hui se complait dans les traitements sociaux tellement prompts à réduire et infantiliser. La plainte et la revendication sont des exutoires qu'il est facile d'éteindre par une palette d'artifices ...

La Société défile. Sous ses allures de fête permanente, d'apitoiements médiatiques, de déclarations dégoulinantes de bonnes intentions, d'images clinquantes et de profusions infinies, elle ne connaît plus les personnes. C'est une parade de chars hors Carnaval qui n'aurait plus de sens. On ne peut que saisir ce qui tombe de la caravane publicitaire folle qui accompagne le tour de France.

Le seul bonheur possible, c'est d'avoir ramassé une belle casquette pour aller à la plage… On cultive l'illusion d'être heureux derrière l'écran de télévision.

Peut-être le sommes-nous…

Le plaisir des loisirs et de la consommation est étrange. Cela étourdit plutôt que n'apporte cette dégustation précieuse et rare qu'était jadis l'instant heureux sur le pas de la porte ou dans le jardin après un quelconque effort. Il n'en était que plus doux si on l'avait arraché à quelque adversité surmontée…

Le bonheur était pour demain.

Est-il là ?

Compagnes

J'ai quelques amies féministes dont le propos véhément flétrit, apparemment à juste titre, la passivité et les impardonnables négligences masculines. Leur compagnon du moment a beau multiplier les efforts et les allégeances, elles lui découvrent toujours de nouveaux défauts rédhibitoires et de nouvelles culpabilités qui ne sauraient être absoutes. L'égoïsme passif permis au fils, voire inculqué, par quelque mère faible, sotte, incompétente ou mieux encore odieuse, a rendu le sexe dit fort parfaitement insupportable.

Le malheureux compagnon s'épuise et décline. Finalement elles en divorcent raisonnablement car il est devenu hors d'usage par les effets à long terme de cette maltraitance bien intentionnée qui ne visait pourtant qu'à l'améliorer…. Ce n'est même pas par l'effet de cette désillusion amoureuse qui saisit à l'issue de la passion, ou de cette rencontre nouvelle où il faut courir le feu au coeur et aux sens…On se défait ainsi du vêtement qui n'est plus de mode ou de saison…

L'ex disparaît bientôt chargé de ses impardonnables fautes ; une nouvelle victime est déjà là en attente. Sous le feu des critiques naissantes il pose les moquettes, repeint les plafonds et visite la belle famille. Certains jours fastes il bénéficie de moment d'affection dont l'origine peut aussi bien découler d'une pulsion hormonale impromptue que de l'un de ces appels à la fantaisie qui pousse les chats à jouer.

Lorsque l'avocat rencontre le futur ex-mari, soi-disant indigne, de la dame qu'il défend dans sa juste cause, il ne peut s'empêcher de lui accorder quelques paroles de réconfort en toute sympathie. Sauf bien entendu s'il s'agit de l'un de ces monstres infiniment rares qui cultivent en eux la cruauté ordinaire, le sadisme raffiné et le penchant à l'assassinat. Mais ceux là les dames parfois étrangement les aiment et aspirent à les choyer…Il est des biches qui remplacent leurs beaux cerfs par des sangliers, nous rappelle Victor Hugo à propos de cette nonne qui aima le brigand. Certaines écrivent aux criminels les plus épouvantables et constituent des ligues pour leur soutien.

Certes quelques arriérés ou malades mentaux soupçonneux, vindicatifs et violents, dont la conduite est montée en épingle par la presse et les associations, entretiennent le mythe du tyran domestique et de la violence masculine sans freins. Des alcooliques invétérés, ne se supportant plus eux-mêmes, frappent sans discernement femmes et enfants dans les manifestations précédant le delirium tremens. Ils ne sont pas majorité et tout amalgame est abusif, voire nourri de mauvaise foi pour servir une bonne cause.

Le bourreau de dames fait partie de ces individus que tout un quartier met durant des années en suspicion légitime (et fondée) avent que la justice, sensible à la multiplication de leurs méfaits, ne finisse par lever, souvent trop tard, la présomption d'innocence dont notre Société absout chacun dans un idéalisme paradisiaque…

J'ai connu pourtant quelques vrais salauds ordinaires peu spectaculaires, mais forts d'un bel égoïsme et de perversités sournoises. Il n'eut pourtant pas fallu dire le moindre mal d'eux à leurs épouses. Certaines d'entre elles étaient d'ailleurs parfaitement capables de régler leurs comptes conjugaux.

Pourtant il est aussi des perles. Brassens nous chante cette femme d'Hector unique entre toutes par une pratique constante de cette oblativité dont nous rêvons …

Chacun sait bien en fait qu'ordinairement la femelle a la revendication prompte et le mâle la virilité placide. Il est accessible au compromis et cherche bien moins querelle que sa compagne. Il se satisfait du moyen et ne rejette pas le médiocre faute de meilleur choix possible dans l'instant.

Pour construire un surhomme qui sache défendre farouchement ses positions sociales, il faut en amont un solide capital de récriminations et d'injonctions féminines prodiguées par la mère que relayera opportunément l'épouse. Ne cherchons pas de témoins ni de preuves, cette action est occulte et se mène mine de rien. Les fragiles nouveaux guerriers ne s'engagent aux aventures hasardeuses de la promotion et de la réussite sociale que fermement poussés aux fesses...

Cherchez la femme, disait le psychologue de jadis pour expliquer l'émergence de conduites audacieuses, paradoxales, voire délinquantes chez ses contemporains...

La vaillance nécessite quelques pressions comminatoires d'un gouvernement féminin qui délègue ses propres appétits.

Que serait-on sans couleurs et rubans à défendre ? A moins que la dame ne s'aventure elle-même dans l'arène sociale en dépit des prudences naturelles de son sexe... Plus attentive et avisée, sachant qu'elle occupe audacieusement un terrain de chasse qui fut longtemps réservé aux mâles, elle y réussira parfaitement.

Un vieil ami fraîchement rescapé de sa dernière geôle conjugale me disait peu se souvenir des femmes qu'il avait eues ou qui l'avaient eu...

Mais il se réjouissait à l'évocation de celles qu'il avait évitées...Il devait sans doute imaginer et peut-être même connaître l'état de leurs victimes.

A son sourire malicieux on voyait bien qu'il ne s'agissait pas là d'a priori misogyne, mais simplement d'un constat objectif où il reconnaissait avoir eu une vraie chance d'avoir pu limiter les dégâts...

Cette amie disait à son compagnon qu'elle avait harcelé avec une belle conviction et qui s'irritait un peu : « Tu es biologiste, tu devrais savoir que les femmes sont plus nerveuses de nature ». C'était sans réplique.

Vie sociale

Les gens que j'aime sont ceux qui m'attirent par les propos que j'ai envie de leur tenir. Je forme en moi les phrases que je leur servirai et où je prendrai intimement substance.

Cette rumination entretient mon esprit dans des attentes qui me donnent le goût de fréquenter certains... Cela m'offre l'espérance de quelques échéances agréables et de moments privilégiés dans ce registre des fréquentations sociales où l'on rencontre essentiellement des obligations.

Ceux auxquels j'ai envie de parler sont souvent aussi ceux qui ont envie de me faire part de leurs soucis. Ils guettent ma présence et vont m'honorer de leur confiance par tous ces sujets personnels, ou importants à leurs yeux, dont ils vont m'entretenir. Cette intimité prend toujours du sens.

Ce jeu est bien celui des captations amoureuses. Le sexe y est pourtant généralement sans objet. Les psychanalystes désignent la chose sous le terme anodin de transfert. Il s'y réactive cette confiance inconditionnelle de l'enfant pour sa mère ou ce souci plus déterminé et constructif de capter l'écoute du père qui sait et peut…

Il s'agit d'amour. Et il n'y a pas de différentes catégories d'amour quoi qu'en disent les raisonneurs.

La libido échappe souvent au sexe. Elle use essentiellement des voies de l'oralité.

J'avais jadis ces envies pressantes d'être écouté, ou parfois d'entendre, qui me portaient en divers lieux, parfois malcommodes et éloignés, vers quelques élus de mon esprit. Les jours se meublaient ainsi de papotages indispensables sur l'inessentiel.

Il m'arrive de renoncer aux rencontres de ce type. J'en connais trop le déroulement spécifique de chaque déclinaison pour l'avoir suffisamment pratiqué.

Qui m'étonne ? Qui entretient en moi cette incertitude d'un nouveau possible à découvrir ?

Mais où aller pour échapper à ces répétitions infinies de la vie sociale ordinaire ?

Seul le psychanalyste fait métier de l'écoute du rabâchement perpétuel… A qui peut-on ainsi se confier ? C'est un étrange métier où la parole émerge et meurt sur la même limite puisqu'on lui refuse l'issue de l'acte.

Je rêve parfois d'une île où se générerait un inlassable discours inspiré par les langueurs tropicales. Peut-être l'argument simple et répétitif des sauvages locaux se satisfait-il de lui-même… Cela expliquerait ces sérénités que l'on ressent déliées du temps.

Un vrai riche de mes fréquentations, fatigué de vie mondaine et de tracas immobiliers et financiers de haute volée, tenta l'exotisme afin d'y découvrir le bonheur que chacun imagine insulaire ou étranger. N'étant ni pauvre, ni noir, ne se connaissant pas d'ascendant esclave ou négrier et aimant peu le rhum, il ne sut trouver le bonheur aux Antilles. Le pôle Nord qu'il atteignit ensuite lui imposa des affres climatiques dont il ne se satisfit pas mieux.

Les désenchantements le ramenèrent chez lui. Il y retrouva un chien ravi qui le rendit heureux. Il fallut cependant maints entretiens pour reconstituer l'espace que son passé lui allouait pour qu'il se sache à sa place et y supporte son bonheur.

Faute de partir, nous pourrions devenir savant sur quelque sujet qui sortirait de l'ordinaire. La lune commence à être fort connue, mais l'humain est inépuisable dans ses quêtes. Aristote ou Montaigne auraient déploré notre maigre bagage culturel et l'absurdité de notre prétention à vouloir grandir dans ce registre-là. Mais dans le monde actuel, où il est déjà merveilleux d'avoir lu quelques vagues vulgarisations à l'usage des nuls, il est facile de passer pour informé d'avoir su le latin et de connaître l'histoire.

J'entretiens aisément ce bagage car en fait on ne découvre quasiment rien de nouveau sur notre espèce dont les énigmes du fonctionnement se répètent sans cesse. Il est même possible que la préhistoire et l'antiquité aient connu de meilleures intelligences et de plus authentiques découvertes de la complexité, des paradoxes et des ambivalences de l'état humain. Nous n'avons dépassé en rien la peinture pariétale, le théâtre grec et l'architecture Romaine du Pont du Gard…

Homère et Sophocle me laissent dans l'admiration des analyses profondes que je ressens peu dans mes lectures des best seller d'aujourd'hui, ou au même au théâtre qui se commet parfois dans des originalités médiocres. Je cours encore entendre Molière dans sa puissance originelle lorsque le metteur en scène n'en a pas fait un exercice de foire.

Je m'émerveillais dernièrement des éclipses de mots de l'énorme Raymond Devos…

Que dire de plus ?

Aussi faut-il se résoudre à parler de la lune qui ne se soutient que par ses vertus hypothétiques peu contrariantes... Mais depuis quelque temps je me garde bien de la promettre !

L'amour qui trame notre réseau de relations sociales est peut-être seulement l'effet d'une fallacieuse spéculation sidérale. Ainsi je ne me fâche plus en vaines querelles avec ceux qui refont le monde ici-bas en croyant qu'il est possible de mettre l'homme et ses nouveaux objets en ordre. Il m'est déjà impossible de ranger mon bureau et d'être obéi à mon goût par mes enfants…

Il faudrait davantage d'astronomes. Ces gens vivent sans le savoir dans la poésie pure…Mais il est dommage que l'on rencontre aussi peu de femmes à cette altitude.

Elles sauraient sans doute réaménager le ciel en moins monotone. Sans elles l'esprit a moins de talent et la Société devient triste.

Lourd à porter

Le corps est un avatar incontournable qu'il faut lever du lit chaque matin. Avec un courage supplémentaire on peut le laver et le conduire devant une glace… Mais la déconvenue est toujours proche.

Toutes mes dysharmonies me réduisent à ce total insatisfaisant dont il me faudrait muscler la cuisse ou bronzer le torse pour créer quelque illusion que je sais d'ailleurs profondément illusoire, précaire et factice.

Comme Dorian Gray qui se fit faire un portrait, je conserve une photo de moi jeune où j'ai quelque apparence présentable. C'est là que je guette mon vieillissement avec inquiétude et duplicité. Je crains le miroir et me rassure par l'image. Je peux alors m'autoriser la parole qui elle ne vieillit pas ou l'écriture qui conserve encore mieux.

Je conçois que par quelque revanche féroce on puisse imposer à cette forme toujours déclinante et à laquelle l'on ne saurait s'habituer, un dédain à la mesure de l'amplitude du désastre. A être médiocre autant se livrer à l'excessif d'être gros, mal fagoté ou enlaidi…

La culture assidue de ce contraire pourrait transcender l'insuffisance …

L'imperfection du corps constitue le fondement des excès compensateurs des conduites humaines. Même Narcisse, assez beau garçon de nature, passe le plus clair de son temps à examiner la permanence de l'harmonie de ses traits. Le vieillissement accentue ce souci d'un physique qui se dérobe.

Il ne demeure que l'excellence des prétentions de l'esprit. Non seulement elles demeurent avec l'âge, mais elles étendent sans cesse leurs ambitions, voire même leurs prétentions.

Le rêve de se voir un jour vieux et flétri, mais savant en toute chose est une vraie promesse de bonheur. Etre nommé docteur, professeur, avocat ou colonel autorise une laideur satisfaisante.

Aujourd'hui me voici seulement corps.

Le monde ne me promet rien d'avantageux. Ce sera une rude journée. Il y faudra concevoir des calculs dans tous les registres qu'offre la dissimulation des fatigues et l'apparence de belle humeur...

A moins que je n'aie la chance de surprendre en moi quelque maladie opportune qui me fera alibi et prétexte pour me ramener au lit… Le corps se justifie seulement là d'une manière incontestable et partagée de tous....

Se plaindre d'autrui est chose banale, mais se plaindre de son corps inspire toujours l'intérêt pour qui est lié à la possibilité du même avatar. Chacun sait en lui la partie de l'autre qui souffre par une science exacte.

Quotidien

Chaque jour réclame son dû... Il faut le meubler d'un projet ou d'un rite. Sans cette action il sera subi comme une peine.

Ainsi un ami assez inoccupé se levait tôt le matin pour aller sur un banc tenir une place qu'il ne souhaitait pas livrer sans combat aux clochards ou aux étrangers, d'origine toujours suspecte, que l'on voit échouer dans les rues de nos villes... Il fut vite rejoint par des défenseurs d'un ordre citoyen attachés au droit d'usage régulier des bancs publics par les contribuables. A cette qualité partagée, ils se reconnurent tous, de surcroît, anciens combattants...

Il était bien évident que ce front guerrier laissait dérogation expresse aux amoureux dont les épanchements sur le modeste support des bancs publics constituent un symbole essentiel d'espoir, qui devient hélas rare.

J'eus un temps la mauvaise pensée qu'il s'agissait là d'une conduite dérisoire et quasiment désespérée. Je portais à cet ami une attention issue de l'adolescence avec cet idéalisme qui ignore le cours du temps. J'eus quelques craintes sur l'intégrité de ses facultés de discernement lorsqu'il m'exposa pour la première fois cette étonnante pratique.

J'ai depuis observé bien des anciens dans ces villages dont ils gardent l'âme précaire qui s'enfuit dans le réalisme et la dépoétisation de nos temps nouveaux.

A la réflexion garder les bancs publics relève de la même nécessité. Sans cette volonté persévérante tout ne serait que lieu de passage d'une société errante.

Ce croisement où celui qui marche et celui qui est assis se saluent constitue le centre de la cité. Il importe qu'il soit parfaitement gardé.

Les bancs en sont le fondement.

Un regard vers le ciel

X... :

« Je suis un cas social de notre temps. D'ailleurs je ne sais même pas qui je suis.
Enfant j'ai paressé, trainé les rues avec les vauriens de mon espèce et souvent fui l'école obligatoire offerte par la république...Les parents étaient toujours occupés ailleurs...
Rien ne me punit. Personne ne me pourchasse.
Il faudrait certes que je m'engage et que j'entreprenne toutes ces démarches qui me concernent. L'envie m'en fait défaut. La crainte de l'avenir et la responsabilité de

mon propre sort me semblent en d'autres mains. L'enseignant s'était jadis ingénié à éveiller mon intérêt. Cela me laissait indifférent ; je n'ai pas l'esprit curieux...

Je ne demande rien, je prends seulement ce qui passe. J'apporte peu de soin à tous ces endroits où je vais sans faire l'effort de m'installer.

Il me suffit de quelques marques vestimentaires qui créent une apparence préservatrice, d'une connaissance des nouveautés musicales et d'une agréable absence de réflexion. Tout cela constitue un semblant d'identité et se partage sans souci avec d'autres inoccupés.

La consommation de certaines herbes me fait un rituel social satisfaisant.

On m'offre parfois des petits travaux. J'y consens modérément mes jours de bonne humeur. Mais passer des journées vides avec d'autres sans projet me semble la seule façon possible d'être.

Toute obligation ou contrainte me semble une ingérence dans cette vie dont le vide m'appartient pleinement. Je perçois parfois l'existence des autres.

Je sais confusément que certains ont une intolérance potentielle à ma façon d'être. Cela m'engage à éviter la provocation. Je ne souhaite pas d'affrontements inutiles et fatigants avec un univers étranger que je sais assez solidement policé, quoi qu'en dise la presse.

J'ai été pris lorsque j'ai quelquefois volé maladroitement ou menti outrancièrement. Mes quelques trafics générés par des compagnies douteuses m'ont valu de sérieux ennuis avec de plus professionnels que moi.

Je vais aux fêtes. Mes consommations alcoolisées et mes prises de substances diverses qui circulent demeurent raisonnables. Mon corps n'aime pas les abus. Ce que je vais devenir ? Ce n'est pas vraiment mon affaire.

Mais un Dimanche soir ordinaire j'ai rencontré ce camarade étrange qui jouait aux échecs. C'était simple et très compliqué. L'esprit se prenait au plaisir de ces mouvements ordonnés des pièces qui se pliaient à la règle et à une dimension esthétique. Plus on savait, plus on devenait avide d'apprendre. Il n'y avait pas là d'autre bénéfice que le plaisir, bien que l'on prétende que des fortunes se gagnent et se perdent dans certains pays par l'habileté que l'on acquiert à ce jeu. C'est du moins ce que prétendait mon partenaire. Je m'imaginais parfois riche, parfois ruiné au fil de mes rencontres.

Ce fut le début d'un petit bonheur.

L'été venu je fis la plonge dans un restaurant de plage. La besogne me paraissait moins fastidieuse que l'allongement sur le sable que pratiquaient les touristes rôtissant stupidement. Les plans de travail rendus propres par mes soins passé minuit me laissaient satisfait.

J'allais me promener entre la lune et les vaguelettes. Je n'avais même pas besoin de compagnie. Mais l'on venait vers moi. Mes nouveaux amis étaient quelquefois des étudiants qui étudiaient (il en avait beaucoup de faux...) ce qui excitait ma curiosité.

Quelques-uns parlaient et m'étonnaient par leurs histoires, l'un d'entre-eux m'apprit même la carte du ciel dans ses grands traits...

J'eus envie d'avoir une étoile. Je choisis secrètement Bételgeuse.

Je n'étais plus barbare. L'échelle du monde n'était plus cette suite d'instants indifférents.

Une fille du groupe étudiait la psychologie. J'étais sidéré de voir avec quelle aisance elle savait parler de l'intime et du ressenti. Je percevais quelquefois avec acuité ce qu'elle expliquait comme si je l'avais pensé moi-même.

Je me suis senti exister.

J'étais même parfois bien d'être moi. Il y avait là du possible... »

Destins

Ce qui me plait dans le demain que j'attends, c'est son incertitude. Je puis la craindre ou l'aimer, mais elle remue en moi ces meilleures ressources qui peuvent me faire advenir.

Nul ne sait s'il y aura là le bien ou le mal. Mais il y aura sans doute quelque chose...

L'étonnement du jour à venir fait attraction et oubli, on revient rarement sur le temps qu'il a fait la veille. Il s'est effacé.

Que nous est-il promis ?

Les martyrs, les assassins et les sages consacrés étaient paisibles et ignorants avant de rencontrer leur destin révélé dans un hasard de rencontre. Mais cette assomption n'est sans doute pas innocente. Elle les attendait en toute certitude au détour de leur chemin.

Chacun ignore le lot qui lui est destiné. Et il advient.

Un enfant palestinien s'entoure de dynamite en pleine confiance, persuadé de cette nécessité et de l'imminence de sa gloire. Il entre dans l'histoire. Demain il explosera dans une rue passante d'Israël... Etait-il né pour cela entre les passions de ses proches qui demandaient cet éclatement ? Qu'aurait-il pu faire d'autre ?

Hitler et Staline étaient d'anciens élèves disciplinés, voire insignifiants. Nul professeur n'avait remarqué en eux les signes d'un extraordinaire destin mondial. Ni ce versant sombre qui rend démoniaque leur gloire posthume. Comment ont-ils pris place dans ces missions folles dont ils n'ont jamais douté ?

Le chrétien promis au martyre, le résistant dénoncé et torturé, le juif déporté sans retour, basculaient en quelques heures dans leur destin tragique...

94

Ces issues extrêmes sont rares. Il y faut la folie où l'histoire s'emballe dans l'un de ces grands délires que nul ne saurait vraiment expliquer ou justifier. Un maître illuminé où quelques étincelles suffisent à déclencher les grands incendies. Nous sommes également enclins à l'étrange fascination qu'exerce la poésie des désastres…

La violence est une chose qui nous emporte. La nature elle-même dans son économie secrète nous en donne l'exemple par la foudre, les éruptions, les cyclones, les inondations… Un monde sans tempêtes et sans crise serait infiniment triste. Peut-être même serait-il mort.

L'imaginaire a des appétits fous. Si nous vivons paisiblement, il nous faut des faits violents, des épopées, des révoltes, des naufrages, que l'on nous raconte ou que l'on nous représente pour exercer notre goût du tragique. Une longue station devant un poste de télévision nous montre bien l'agitation, l'irresponsabilité et la cruauté potentielles qui règnent sur le monde.

Notre esprit aime à se confronter aux pires menaces virtuelles lorsque la réalité ne nous en impose pas d'authentiques, mais il se complaît aussi avec délectation dans le fabuleux et le magique. Certaines insomnies nous font rêver à des gains pharamineux au jeu ou à des conquêtes farouches. L'enfant devient tout puissant dans de terribles aventures qu'il hallucine. Parfois certains croient passionnément qu'on va les découvrir fils de princes ou descendants de voyageurs intergalactiques…

Il y a dans tous les cas du bonheur dans cet engagement où l'on épouse dans l'imaginaire son destin furieux ou fou. On le tient comme ces chevaux dont on jouit de l'élan avec ce plaisir de faire corps avec eux par une volonté de maîtrise. Cela peut devenir réel. Lorsque le kamikaze dans son avion suicide atteignait le point de non retour, il passait de l'angoisse mortelle à un nouvel état d'accomplissement. C'était peut-être un bonheur violent. Celui où l'homme devient bombe.

On se réalise généralement de plus modestes façons.

Ce qui nous attend dans la prochaine partie de boules, ou lors du match de football de cette équipe dont les pieds habiles font nos émotions et notre plaisir, ne saurait être que du pur bonheur.

Certains vont aux champs ou à la pêche après s'être levés au petit matin avec cette impatience joyeuse vers ce qui va leur faire surprise.

Alain s'était découvert dans sa jeunesse une voie d'expression en s'exerçant à tailler dans du bois dur l'ossature de marionnettes dont chaque personnage constituait l'élément d'un théâtre. D'autres les habillaient et en imaginaient le jeu. Il n'était pas metteur en scène mais mécanicien. Il restait dans l'esprit et les mains de notre philosophe cette joie d'avoir construit les ébauches où viendrait jouer le sens. Chacun s'attache ainsi à construire le théâtre du monde où il pourra tenir son propos...

« Le bonheur que l'on se fait ne trompe point » écrivait Alain il y a un siècle.

Dans le destin court souvent une parole reçue. Un vieux professeur d'histoire aimait mes devoirs. Il m'attribuait un brin de talent et m'avait annoncé que j'étais un futur meneur d'hommes.

Cela ne saurait s'éluder. Rien ne démarre sans un signal qui fait injonction incontestable. Je sus en toute circonstance prendre les risques nécessaires pour accéder au sommet des monticules à ma portée...

Aurais-je pu faire autrement ? Quel que soit l'oracle l'effet de destin énoncé nous détermine.

Socrate y voyait la volonté de quelque Démon en lui. Il était mis en demeure de porter en Athènes cette parole nouvelle où le Verbe lui-même devenait le maître de la démonstration à travers l'orateur qu'il fallut mettre à mort pour ne plus l'entendre.

D'autres tentations nous égarent parfois. Mais le destin nous tient sur sa voie.

Je crois même avoir fait certains gaspillages pour ne pas m'enrichir et en être dévoyé... D'autres ont vocation à l'opulence....

Finalement il y a peu de hasard. A la réflexion nous parvenons à discerner qu'il appartenait à Rodrigue de régler radicalement les comptes au nom de son père.

Nul ne saurait arrêter cela.

Le bonheur serait-il ce sentiment intime de rencontrer son destin, que ce soit pour un sort hors du commun ou seulement quelques instants parfaits au bord du chemin ?

Mensonges, médisances et jubilation

Quel plaisir de se plaindre les uns des autres, de monter en épingle les imperfections et les défaillances, de faire caricature, de fustiger sans retenue ! Sous cette loupe de la médisance, même les meilleurs et les plus appliqués d'entre nous deviennent infiniment vulnérables.

Les singes épouillent scrupuleusement leurs semblables en toute affection et apparemment sans autre intention que d'effectuer correctement cette tâche minutieuse.

Notre bonheur est de compter sadiquement les poux dans la tonsure des nôtres et d'en partager le chiffre conséquent avec d'autres mauvais esprits dans un ricanement plein de jouissance. Cette jubilation partagée meuble nos temps morts. Rien n'est plus prenant que de pointer les taches suspectes ou les insectes mal famés sur autrui.

On pourrait même clamer partout (et sur l'air des lampions) ce dont Brassens s'abstenait avec beaucoup de dignité : « Madame la Marquise m'a foutu des morpions ... ».

La vie sociale est une étrange chose. Les appartenances claniques soudent farouchement des groupes par quelque origine locale ou exotique que viennent renforcer des jeux occultes d'intérêts... Ce lien est inconditionnel en dépit de mortelles rivalités fratricides internes. L'assassinat et la trahison sont des modalités ordinaires au sein des partis. On ne tue pas ailleurs et en dehors avec la même passion. Ces confréries trouvent leur meilleure expression dans d'honorables sociétés aux frontières de la loi.

Mais elles sont aussi le lieu des appuis promotionnels ou lucratifs et des collusions qui trament plus ou moins le fonctionnement implicite de toute organisation. Rien n'est scandaleux en interne. Il y a une nécessité qui interdit tout jugement. Ce serait l'absence de tels réseaux occultes qui indiquerait un déclin des solidarités archaïques instinctives.

Le social émergé et manifeste qu'on peut présenter à la foule est d'une autre nature. Ici il faut tromper et même se tromper soi-même par le discours politique séducteur et convenable.

La partie émergée doit demeurer propre et d'apparence présentable...

On ne saurait être sale, vicieux et sans foi que chez soi ou avec ses complices en malfaisance.

Nos sociétés feignent d'ignorer les appartenances tribales, claniques, partisanes et les confréries sournoises qui constituent l'essentiel du tissu social vivant.

Il fait flèche de tout bois. Le partage d'idées reçues rudimentaires, la médisance ordinaire et la pratique de quelques ostracismes bien sentis suffisent à créer un lien fort. Un objet politique ou moral solidement identitaire et discriminant associe l'humain dans ces regroupements où il reconnaît quelque peu ses semblables... Se retrouver par origine, par pratique religieuse, défense d'idées, de droits, de spécificité menacée, rescapés ou anciens de quelque aventure collective, va permettre de faire association. Le gang tient aux rituels et aux tatouages. Les liens de l'adolescence sont particulièrement durables pour peu qu'elle ait été transgressive ou délinquante...

Un projet plus précis de conquête de positions de pouvoir ou de mainmise sur la parole, voire de confiscation d'avantages économiques, va mener à la constitution d'un parti qui va s'appliquer à avoir pignon sur rue et cultiver son image. Ces meilleures ambitions demandent à séduire la foule démocrate.

L'idée de révolution égalitariste autour d'un farouche concept uniformisateur issu des idéalismes de l'avant-dernier siècle est quelque peu tombée en désuétude...

Sans même être extrémiste tout parti est réducteur, ses membres sont les élus d'une idéologie, ou d'une phraséologie, qui excluent l'autre partie du monde en l'inscrivant sans appel dans l'erreur. Le territoire est défini, l'organisation sans fantaisie s'attache à mettre en place les hiérarchies millimétrées des armées en campagne. Cette structuration n'empêche certes pas les trahisons familiales...Le dénigrement interne sournois est de règle...

Le parti s'attache à la disqualification acerbe et systématisée de la coterie opposée qui est issue pourtant des mêmes écoles et que l'on fréquente parfois en ville hors du temps des compétitions que sont les élections. Diffamer et mentir s'élèvent à la hauteur d'un art pour asseoir ses positions et saper celles de la partie adverse.

Quel pouvoir supérieur pourrait fédérer tout cela et conduire vers des raisons partagées les foules toujours abusées d'arguments pervertis ?

La multiplicité des discours politiques dans leurs fallacieux sauts de ruisseaux d'un bord à l'autre a effacé la force univoque des despotiques décrets royaux certes abusifs, mais parfois fort éclairés, nous disent les historiens.

Les lois faibles et contradictoires, mi-chèvre, mi-chou, qui se votent au fil des péripéties économiques et des pressions sociales, ne donnent pas le sentiment de l'existence d'un pouvoir.

De fait il n'y en a pas. L'enseignement et la justice voguent au fil de l'eau. Les services dits publics sont tenus aux limites de la déshérence par les quelques braves à principes qui y demeurent en service.

Le prestige des agents de l'Etat, policiers, enseignants, magistrats, voire sauveteurs et médecins, n'est évidemment plus soutenable au niveau qui les rendrait collectivement crédibles. Chacun critique ce qu'il a lui-même conduit au piètre état qu'il constate en suivant en bon électeur les prétentions partisanes et la démagogie éhontée des promesses politiques.

On s'étonne ensuite que la racaille, prompte à toute curée dans les interstices des organisations, ose « caillasser » et insulter les représentants de première ligne d'un état labile et dénigré.

Personne ne connaît plus vraiment les petites gens dans leurs soucis et leurs attentes véritables… Ces saupoudrages hasardeux et dispendieux qu'on leur dispense avec une fausse bienveillance ne sauraient satisfaire leurs aspirations modestes. Sagesse et le bon sens n'ont pas cours en politique.

Il suffirait pourtant seulement d'un peu de parole vraie.

La jeunesse indocile, l'étranger envahissant qui fait tache sur notre essence présumée immaculée, les abus de paresse ou d'usage des fonds publics, l'errance des très pauvres et des déclassés, le déclin des anciens commerces, sont des phénomènes humains universels et intemporels. Qui monte en épingle de tels faits de société, va en faire usage pour sa promotion ou sa gloire… Chaque parti retire la part qui lui sert pour faire argument.

Chacun sait avant l'élection qu'il sera dupé par les autres, voire même par les siens. Tout le monde en parle dans les cafés et les couloirs. On en fait même une philosophie. Que faire dans les soirées vides de projet humain constructif sinon ces autodafés catégoriels et anonymes qui collectivisent le massacre des valeurs et des représentations ?

Mais le propos n'est pas révolutionnaire et demeure furtif… Le bonheur ? Nous on a tout ce qu'il faut ! Les signes matériels de la cuisine intégrée, de l'écran plat, de la berline ou enfin du camping-car, lourd et protecteur symbole d'évasion, nous soutiennent.

Quelle émergence peut-elle naître là ? Certains réseaux se constituent entre gens de bonne compagnie sachant vivre en bonne intelligence. Mais ceux-là vivent généralement à l'écart de la place publique… La plupart d'entre eux n'assumeraient les présidences que par quelque contrainte collective ou l'effet d'une loi impérieuse qui imposerait à chaque citoyen le devoir de prendre tour obligatoire à s'occuper d'autrui.

Chacun sait à quel point le souci des autres est une tâche redoutable si on a à cœur de le porter convenablement. Quel politique de son balcon se conduit seulement en bon père de famille considérant en toute chose le vrai, l'intérêt commun et le respect de chacun ? Il faudrait là une grande fermeté et probablement le risque d'être assassiné par une coterie religieuse, ethnique ou prédatrice qui se sentirait atteinte dans son identité délirante…

Moïse sut déjà que l'homme ne trouve pas d'ordre commun si le ciel ne se manifeste pas par une grande colère. Chacun connaît certes le vrai et le juste mais ne les pratique pas sans ces justes fureurs qui rabattent les égoïsmes et les collusions sournoises. Chacun sait alors qu'il y a une exactitude arbitrale à laquelle il faudra bien se ranger.

Quoi qu'en disent les beaux esprits libertaires, il est bon et c'est même parfois un vrai bonheur d'avoir au-dessus de soi une autorité qui nous lève du doute et nous fasse limite. On ne pourra que s'en sentir meilleur.

Elle peut simplement avoir une dimension morale tenue par de hommes fragiles. Gandhi et Mandela l'ont montré.

Faute de bienheureux, il faut quand même des heureux…

Le bonheur est dans le pré. Il ne file pas si vite qu'on ne le dit…

Dès que l'on se sourit à soi-même après une bonne toilette devant une glace propre on en connaît les prémisses.

Heureux l'époux et les enfants de la marchande rentrant au logis encore joyeuse après avoir tiré le rideau de son étal.

Heureuse la soirée où l'on partagera seulement le plaisir d'être ensemble, les peines et les soucis en faisant honneur aux vins et aux plats. Nul ne viendra montrer grossièrement son pied pour que l'on y constate l'épine.

Heureux ceux qui ne sont enclins à se plaindre de rien ni de personne. Sauf peut-être de ces atteintes et ces outrages que cause la perte de l'un d'entre nous et nous affectent tous. C'est là que l'amitié doit partager la précarité de l'état humain.

Heureux ceux qui ne plaident pas abusivement leur cause du moment en tout lieu et par tout temps en se justifiant hors de propos en accaparant l'attention de manière égocentrique et vulgaire…

Heureux surtout ceux dont personne n'ose médire car ils sont au-delà de la médisance. Ils en ignorent même probablement l'usage et n'ont de goût que pour ce vrai au-delà d'eux-mêmes.

Heureuse la femme qui se sait dans sa maison gardienne des ordres et des rites.

Heureux l'homme qui rentrant chez lui sera accueilli aimablement comme chef de famille et père des enfants mais ne parlera pas en maître.

Heureuse aussi la femme dont l'homme sans déchéance ni compromis est respecté par tous dans la ville et dont le nom lui fait honneur.

Heureux ceux dont on désire la compagnie dans la joie et la peine.

Heureux ceux qui lisent quelques livres et fréquentent le théâtre…

Nous rêvons peut-être… Mais qu'attendre d'autre ?

Mais tout ceci n'est pas encore le bonheur. Ces pratiquants ne sont même pas conscients de la fortune qui leur échoit. Cela leur semble simplement de l'ordre commun des choses. Le bonheur doit se concevoir. Ils s'étonneraient si quelqu'un leur signifiait qu'ils sont heureux.

Le bonheur nommé fuirait peut-être comme ces choses volatiles ou ces gens de passage que l'on oublie. En désignant cet état on ressentirait cruellement combien les proches, le temps, les circonstances, les soucis de tout à l'heure et de demain, nous molestent par le simple fait d'être rugueusement là…

Le bonheur ? Une pratique qui tient du secret à ne pas dévoiler.

Evanescence…

Comme l'angoisse, le bonheur ne se raconte pas. Il ne saurait non plus s'énoncer sans s'altérer comme ces merveilles antiques, bois et mosaïques, qu'exhument les archéologues et se délitent en poussière dès leur découverte.

Le bonheur se ressent. Il demeure du registre de l'intime de chacun comme cet autre état qu'est le désir. Les communions qui se font là sont précaires.

Chacun en a sa version. Tel qui revient de traverser un épouvantable désert en petites foulées baigne dans un état second d'exaltation puis de plénitude. Ce voisin qui vient de divorcer d'une assez forte matrone chante à tue tête dans son jardin sans aucune honte, émerveillé de redécouvrir le monde en toute quiétude et liberté La vieille dame si correcte de la maison du coin a parfois un visage un visage apaisé de madone… Elle a peut-être eu un rendez-vous galant ? Sa bonne prétend qu'elle possède simplement un godemiché moulé sur un acteur particulièrement convainquant du cinéma pornographique… Elle ajoute à mi-voix de manière entendue en dérobant son regard : « Elle lui parle, elle l'appelle Georges … »

Chacun jette sur ces bienheureux ce regard un peu moqueur et envieux qui authentifie l'état de bonheur. Il est incontestablement anormal. C'est une transcendance de l'ordinaire.

Une sorte de printemps des émotions dans le long hiver de la vie courante.

Il semble suivre ce long retrait de sève des peines, des deuils, des souffrances, des privations et des efforts aussi ardus que persévérants qui nous paraissent utiles...

Mais l'accès n'est pas donné à tous. Un cousin fortuné se désespère des bruits incorrigibles dans le tableau de bord de sa nouvelle voiture pourtant de finition germanique.

« La joie venait toujours après la peine... » chante Apollinaire avec cet imparfait qui connote nostalgiquement l'évocation du révolu.

On sent là ce passage de l'amour qui s'est détaché un temps de la pesanteur de ses objets.

J'ai compris sur le tard cette impulsion que j'eus jadis après une nuit d'amour avec une fille bien trop belle pour moi. Dans mes rêves les plus fous je n'aurais su rêver autant d'attention imaginative et de souci du partenaire...

Au matin elle dormait. Je fus boire un café et jouer au flipper en ville. C'est uniquement à cette distance-là de ses sources que le bonheur se savoure le mieux...

Je ne fus pas déçu, elle s'évapora après le moment parfait que nous avions vécu.

Et enfin le pire...

Il va falloir ici rejoindre enfin Alain à l'extrême de ses propos. Le début du siècle avait une science de l'homme tirée de l'observation de choses étonnantes et redoutables aujourd'hui disparues.

Nous n'avons plus de ces bagnes terribles où le fond de l'humain apparaît à l'état brut.

C'est de Dostoïevski (Souvenirs de la maison des morts ?) que le philosophe tire ce propos amoral et cruel :

« Les forçats travaillent, et souvent leurs travaux sont assez inutiles ; par exemple ils démolissent un vieux bateau pour en faire du bois, dans un pays où le bois ne coûte presque rien. Ils le savent bien ; aussi, tant qu'ils travaillent tout le long du jour, sans aucune espérance, ils sont paresseux, tristes et maladroits. Mais si on leur donne une tâche pour la journée, tâche lourde et difficile, aussitôt les voilà adroits, ingénieux et joyeux. Ils le sont encore plus dès qu'il s'agit d'un travail réellement utile, comme d'enlever la neige. Mais il faut lire ces pages étonnantes où l'on trouve une description vraie et sans commentaire. On y voit que le travail utile est par lui-même un plaisir ; par lui-même, et non par les avantages que l'on en retirera. Par exemple, ils font vivement et gaiement un travail déterminé, après lequel ils se reposeront ; cette idée qu'ils gagneront peut-être une demi-heure à la fin de la journée, les met en mouvement et tous d'accord pour faire vite ; mais une fois ce problème posé, c'est le problème lui-même qui leur plaît ; et le plaisir d'inventer, de réaliser, de vouloir et puis de faire, l'emporte de beaucoup sur le plaisir qu'ils se promettent de cette demi-heure, qui ne sera toujours qu'une demi-heure de bagne. Et j'imagine que si elle est passable, ce sera encore par le souvenir tout chaud de ce travail si vivement mené. Le plus grand plaisir humain est sans doute dans un travail difficile et libre fait en coopération, comme les jeux le font assez voir. » L'intérêt de cette approche paradoxale n'échappera à personne. Certains animaux meurent d'ennui dans les meilleurs zoos. C'est peut-être ainsi que l'on va devoir mourir entourés des soins les plus sociaux dans la meilleure exactitude médicale.

La maire d'un village avait mobilisé en corvée ses administrés pour construire une salle commune… Un autre édile requerrait des citoyens lorsqu'il fallait un service d'ordre.

Ces étrangetés devenaient mobilisatrices et généraient de nouveaux rapports entre les individus. On y sentait après l'achèvement des tâches cette circulation de l'amitié et du partage qui est proche du bonheur…

Il est heureux que la loi interdise ces folies.

Magie, plaisir et rigueur

Le bonheur était jadis une chose rare et mystérieuse venue d'un au-delà qui nous l'annonçait nécessairement par des présages. Les puissants et le peuple s'attachaient aux augures et on se réjouissait sans doute autant des effets d'annonce que de la probabilité réelle de l'évènement heureux. Cela transcendait incontestablement les promesses électorales d'ici-bas que nous avalons parfois de travers…

Les porte-bonheur ordinaires que l'on conserve auprès de soi ont la même fonction. Ils annoncent la venue de quelque bonne surprise ou une amélioration de notre état. Les voies logiques ne portent pas les mêmes délicieuses promesses…

Nous pouvons également solliciter les intercessions des officiants consacrés aux œuvres magiques ou sacrées, voire à des sorcelleries plus secrètes. Que serait l'état humain sans ces recours obscurs ?

Mais que serait-il si l'on s'y réfugiait au point de ne plus veiller à soi en se prenant en charge ? La sagesse et la vertu apparaissent dans l'Antiquité pour montrer le pouvoir propre de l'homme sur ses états et sa situation. Nous sortions là des allégeances soumises au magique de notre préhistoire. Marc Aurèle avait appris des stoïciens l'indépendance d'esprit et la décision sans équivoque qui ne « demande pas de recours aux dès ». Il affirme : « ne se guider sur rien d'autre, même pour peu de temps, que sur la raison. »

La prédiction illusionne et laisse croire. Le bonheur est différé dans l'aléatoire. Il est même délégué aux forces occultes qu'il faut se concilier par quelque procédé rituel et l'intercession d'officiants parfois douteux.

Le bonheur avec la raison accède au droit d'usage commun et aux choix du libre arbitre.

Rien n'empêche de se déterminer soi-même des occurrences heureuses et parfois même d'en tirer plaisir. Il y a là un possible qui ne fait pas obligation.

Marc Aurèle nous dit ainsi : « ...on rapporte de Socrate qu'il était aussi capable de se priver que de jouir de ces biens dont la plupart des hommes ne peuvent être privés sans amoindrissement, ni en jouir sans s'y abandonner. ».

Mais Marc Aurèle n'était pas jouisseur... Sans doute plus sage que Socrate qui ne dédaignait pas les plaisirs immédiats du corps, il affirme scrupuleusement « n'avoir touché ni à Benedicta, ni à Théodotus » qui devaient sans doute être des références majeures de l'époque en matière sexuelle. Le Romain avait sans doute des objets de plaisir plus délicats et accessibles que l'infinité de nos machines technologiques qui virtualisent la jouissance.

Etre Empereur Romain n'était pas une sinécure, il y fallait de l'abnégation.

Marc Aurèle n'était pas dans ce sentiment de gloire qui l'aurait engagé à organiser un triomphe dans la mode du temps. Il n'évoque pas non plus cette satisfaction profonde qui couronne le devoir parfaitement accompli. Il connaissait les limites et les charges plus que les exaltations du corps et de l'esprit. Il avouait « s'être détaché de la rhétorique, de la poétique et de l'art de parler avec trop d'élégance ». Ce bonheur qu'il y a à jouir des mots ne le tentait pas davantage que les autres satisfactions...

Il n'y avait pas de plaisir dans le bonheur de Marc Aurèle.

Spinoza verrait là une corrélation entre la pratique de valeurs et une forme de joie profonde qu'éprouve l'être dans la seule juste signification de ses actions. Etre heureux ainsi n'est sans doute pas cet abandon de la vigilance et de la volonté de l'esprit où l'on se laisse aller à quelque détente. Certes Marc Aurèle découvrit le bonheur puissant de l'écriture...

Il est difficile de soutenir un tel idéal au-delà des plaisirs de la consommation.

Le bonheur raisonnable ne saurait être complet sans les surprises toujours renouvelées des émotions du corps et de leur apaisement.

Pascal efface cela et nous amène vers une espérance plus spirituelle.

L'attente du bonheur peut se réactiver avec l'aide de la foi. S'agenouiller en signe de soumission permet d'attirer l'attention divine, qu'elle soit au ciel ou même plus prosaïquement en nous, prétend ce théologien pragmatique.

L'instance divine, pieusement sollicitée, ne manquera pas de nous apporter à terme une meilleure sérénité de l'esprit transcendant les pratiques rigoureusement vertueuses ou même aimablement (et modérément) dissolues...

La quiétude promise dans ces dévotions mystiques ou profanes nous libérera du désordre des passions et des appétits trop vifs. Cette quête intérieure du sage et du juste induit un rapport au monde du Moi idéal fondateur d'un bonheur de principe méritoire...

Ce n'est pas rien, mais c'est sans surprise, et la sérénité à terme n'est pas promise même si le juste et le vrai exaltés dans la prière savent enflammer occasionnellement notre fond émotionnel.

Les pratiquants vous diront que la sagesse et la foi demandent un entretien assez rigoureux plutôt qu'un abandon dans le saisissement du transport heureux. Il ne survient bien que pour les âmes prédisposées...

Kant a probablement discerné le caractère fortuit et immanent du bonheur. Il peut certes s'inscrire de fait dans le devoir moral. La loi intériorisée apporte une sérénité convenable. Mais nous sommes là dans un registre différent. Le désir revendique une part aléatoire où il obtiendra sa satisfaction propre indépendante des bons effets de la volonté raisonnable.

Nietzche enfin amène les temps nouveaux où l'on n'a plus vraiment le goût de la sagesse et peu de religion, du moins sous nos climats.

Il nous propose d'accéder à la plénitude heureuse sans effort laborieux dans l'instant opportun où elle se présente.

Dans le même temps la psychanalyse nous apprenait sans ménagements le naufrage sans appel de nos espérances libidinales infantiles. Les mots horribles de refoulement et de castration trouvaient quelque authentification dans ce qui se disait en libre association sous l'interrogation silencieuse de l'officiant masqué. Le désastre de nos illusions amoureuses d'enfants confirmera l'improbabilité du bonheur. L'inachevé infantile est forclos. Il n'y a jamais de rémanence incestueuse paradisiaque menant à des moments parfaits. Encore heureux si quelque possible d'amour et de reconnaissance nous demeure promis dans les trames imaginaires perdues que l'on reconstitue sans fin. Cette croyance post Œdipienne guide l'errance dans les répétitifs parcours névrotiques.

L'être déçu dans ses aspirations libidinales archaïques, entretient son brin d'espoir, se conforte dans le déni, ou ne voit d'autre issue que la mort. L'économie psychique ainsi décrite laisse peu de chance d'émergence aux processus censés supporter le bonheur…

Le désir, allongé sur le divan du psychanalyste, ou battant quelque campagne va certes finir par retrouver des arguments et un peu de sa fantaisie naturelle…

Dans un premier temps on supposait qu'il suffisait de se remémorer les espérances et les bonheurs de l'enfance… Mais toute enfance n'est pas bonne. Il en est où la mère n'aime pas et le père n'autorise jamais… Quelle confiance peut-on alors avoir dans le monde ?

Le bonheur ou la souffrance de l'enfant que l'on fut se rejouent nécessairement là et maintenant dans la représentation du jour.

Le psychanalyste en bon public sera attentif au transfert qu'il inspire et aux résistances qui se suscitent et se défont. Son patient va parfois se transcender dans un nouveau rôle imaginaire…

Il en sortira ragaillardi et n'ira pas courir chez un quelconque devin porter une obole plus aléatoire. Peut-être mettra-t-il ensuite davantage de rigueur à ses affaires et prendra-t-il un meilleur plaisir à ses divertissements…. Il faut attraper le bonheur par où l'on peut quand il passe. Il se laisse faire s'il nous voit prédisposé à bien le traiter… Il y a des jours où Cupidon ne s'en fout pas …

Et si nous demeurions sexués ?

Le corps sexué nous demeure étrange dans ce réel que Lacan affirme sidérant. Le garçonnet s'y retrouve complet. La préhistoire émotionnelle infantile donne d'autres racines à l'inconscient féminin.

La féminité est d'abord la découverte du manque là où quelque chose devrait advenir, comme cela se produit ailleurs par un mystère plus gratifiant... Cette expérience n'est jamais réduite en lieu commun, elle fait toujours singularité.

La complétude d'emblée incite les mâles à des complicités ludiques plus légères. Il s'y inscrit même cette satisfaction de ne pas manquer avec en corrélat secret la peur de perdre... L'entourage ne manque jamais d'évoquer cette possibilité radicale à titre punitif ou simplement réducteur. Cette crainte va engager le garçon à des abus de prestance, mais aussi à des conduites préservatrices. La mère l'y encouragera en dépit des réactions paternelles ombrageuses soucieuses de l'exclusivité du privilège...

Naître fille demande davantage à construire. Les positions sont à argumenter ou à occuper subrepticement. Le visa phallique n'est pas attribué d'office. Mais les dames du temps jadis qui avaient quelque audace ne se privaient pas d'occuper les positions de pouvoir et de connaissance avec une belle détermination. Egales aujourd'hui par la loi, mais différentes, nos compagnes ne se délectent cependant pas autant qu'on pourrait le penser de cette parité. Il leur est enjoint par leur nature d'autres prudences et dépassements. Faute d'organe à comparer la surenchère virile systématisée les tente peu. Mais compenser le manque par quelque objet flatteur ou coûteux n'est pas à dédaigner. Occuper des positions d'autorité, de façon certes moins ostensible, ne leur est pas indifférent.

L'homme est le recours logistique à leurs désirs. Il faut qu'il soit ce chasseur qui ramène la peau de renard et la côte de bison, voire quelque rare parure minérale ou métallique.

L'intime féminin est encore plus complexe. Fille avérée, il va falloir oser le choix risqué de l'objet différent et manquant que l'on pressent intrusif, voire dangereux au-delà du pivot rassurant du père. Il faut aussi se détacher de cette mère essentielle pour aller jouer un rôle parallèle et concurrent. Devenir femme est un questionnement permanent.

Le garçon tient, ou croit tenir sa réponse... Faute de tuteur plus ferme, il lui faudra une promesse magique du sacré, Dieu lui prêtera parfois secours… Il assure parfois ces appuis inconditionnels entre mâles qui font les belles solidarités et les grandes sottises.

Enfin, et c'est peut-être l'essentiel, ce mystère d'une intériorité où se reproduit la vie confère une autorité spécifique aux dames. Ce pouvoir ouvre des capacités au don et au refus. Le choix des géniteurs implique dans le vivant humain, comme dans tout vivant, une expertise prémonitoire des femelles. Le mâle élu est également garant de belles portées et d'un territoire proche sûr… L'aimer riche et solide est de bon aloi. S'il est de belle humeur ce sera une bonne compagnie. Le beau ténébreux promet le mystère de la prise de risque… Mais le vrai dur n'est pas exclu du choix. Certaines dames, comme les louves, aiment les dominants.

Voici campé le champ féminin d'une trame amoureuse inconsciente à la genèse complexe et ambivalente. Elle est d'une nature plus immédiate, précise et intuitive que les appétits masculins s'accommodant aisément de toute conquête.

La lente grossesse constructive fera contrepoint à l'érection fugace.

Une étonnante et incessante dialectique entre les désirs différents des sexes génère un sens qui dépasse la logique de l'un et de l'autre.

Le langage porte certes de même façon la certitude et le doute, la raison apaisante et les éclats des désarrois, mais l'oreille attentive entend un écart dans les inflexions de la signifiance. La parole féminine est en quête d'autres réponses que celle de l'homme. Elle exige de meilleurs engagements et un ajustement local plus exact des pertinences. Il faut concevoir le nid et la subsistance.

La sécurité des réseaux d'histoire et de parenté aura davantage d'importance… Nous aurons ici moins de ces parcours linéaires qui mènent hasardeusement n'importe où.

Certes l'histoire humaine présente un ordre mâle tissé de représentations juridiques, politiques et stratégiques. Les enjeux territoriaux et hiérarchiques empreints de dominance s'imposent aux mammifères sociaux. Parfois, paradoxalement, le féminin restaure, en aval de parades viriles déclinantes, une responsabilité locale matriarcale plus sensible aux équilibres humains et économiques au cœur des rivalités masculines assez bornées et répétitives… Il faut parfois une régente ou une reine.

Le mystère de l'autre sexe gagne-t-il à être dévoilé ? La voix du poète André Chénier qui dit : « Ce n'est pas cela seul qui diffère chez moi … Le sais-tu ? Déjà dans le bocage quelque voile de nymphe est-il tombé pour toi ? » annonce ce désir secret de la femme qui donne au Moi de l'homme, orphelin de sa mère, sa consistance et son cheminement. Il ne serait rien si la femme ne se proclamait désirable…

L'égalitarisme actuel, juste et équitable par le principe, a réduit les prétentions masculines à des formes plus modestes que celles d'antan. Mais l'homme, dépouillé de son prestige symbolique ancestral, invente des recettes pour se maintenir et s'affirmer. Il est probable selon les bons observateurs qu'il devienne habile et fuyant pour rendre secrets ses privilèges.

L'évolution nous apprend que les organismes soumis à de nouvelles contraintes adaptatives se sont vus bientôt contraints à former des coquilles robustes ou à lâcher des taches d'encre dissimulatrices. Pour ne pas être dévorés les mâles de certaines espèces deviennent minuscules et fuyants.

Le dimorphisme sexuel ne peut se dénier. Une pratique paritaire naïve, qui ferait fi des différences naturelles fécondes, conduirait certainement au partage indifférencié de sottises communes. C'est ce que l'on observe ordinairement. Certes la nature sexuelle de l'autre est irritante dans ses prétentions spécifiques, hors du moment de ce rapport sexuel incongru, si étrange qu'il est inconcevable par l'esprit, disait Lacan.

Les impulsions libidinales occultes fondent toute dynamique désirante, qu'elle soit individuelle ou collective. Tout processus de changement découle du croisement, souvent improbable, d'une aventure fécondante passagère mâle avec une structure matricielle femelle plus profonde et mieux ancrée.

Le Moi, que l'on croit autonome, est contraint dans le sens de ses prédéterminations. Le sexe, parmi d'autres orientations, indique des voies qu'il faut bien suivre avec certes quelques variantes et fantaisies. Homme, femme ? Et si tout bonnement on continuait à assumer l'inquiétante et nécessaire étrangeté de la différence ? On peut même par un glissement faisant procuration trouver du charme au choix paradoxal et finalement plus prudent de l'identique.

C'est dans ce partage avec l'autre, dans la jouissance du clin d'œil des pratiques ludiques et érotiques, voire laborieuses, qui mettent également la libido en jeu, que nous échappons à cette angoisse où l'on se désexualise dans les affres de la « castration » ou de son déni…

Avec en corollaire de l'effondrement libidinal cette faillite du Moi, qui ne sait plus ni travailler, ni aimer, ces fonctions que Freud espérait rétablir par la psychanalyse…

Le haut potentiel, qu'il soit masculin ou féminin, est le sexe en tant que signifiant dans cette transcendance symbolique phallique commune à toute pensée humaine. Le phallus est signe universel. Ce n'est pas un représentant d'organe mais un principe qui soutient l'espèce dans son désir et son expansion dans les objets. Il serait aussi le lieu du sens.

Que devient-on si l'on n'est plus désirant dans cette étrange incomplétude qui nous pousse à partager ? La rencontre se fait dans le vaste lit du langage qui nous est commun.

Le manque de l'autre sexe n'est pas seulement pulsion, il fonde l'intelligence des pratiques humaines.

L'étrange pouvoir des femmes

Il est une tribu isolée dans une région peu connue d'Afrique Orientale où la pérennité de la fonction de Chef dépend essentiellement de l'avis spontané des femmes. Les racines historiques explicatives en sont rompues et l'emballement du temps actuel qui efface toute racine culturelle rend improbable la survie de la pratique.

La qualité de chef est liée à l'aptitude confirmée de pouvoir entretenir un rapport sexuel complet (pas nécessairement satisfaisant) avec l'une des femmes dont le tour de rôle advient selon un complexe rituel de choix. Le nombre d'épouses dans le système importe peu. La règle est d'honorer l'une d'entre elles toutes les quatre heures avec une présence virile suffisante.

Les femmes définissent l'ordre de succession selon des règles échappant aux logiques de l'ethnologue occidental soumis à des géométries plus réductrices. Il connaît pourtant le rôle important du choix que font les femmes dans nos civilisations avancées.

Etre chef n'est rien sans la matérialisation d'une érectilité opportune et compétente.

Lorsque l'une de ces dames se trouve confrontée à une flaccidité piteuse, elle surgit de la case en s'exclamant : « Il ne peut plus !! »

La gent masculine, négligemment répandue aux alentours, accourt et met impitoyablement à mort le défaillant. Aucun recours n'est possible...

Le successeur n'en mène pas large, il connaît ce destin cruel. La tradition implicite l'a désigné à cette place mortelle. Il va tremblant à l'endroit fatidique espérant que la nature lui fera secours. Par bonheur l'organisme prend ce qu'il trouve en matière sexuelle. Sans inhibition pathologique, il va pouvoir faire honorablement face. Un certain temps.

C'est ce pouvoir-là qui rend nécessaire la régulation des femmes dans les univers masculins. Les éleveurs savent le rôle transitoire des reproducteurs et le souci qualitatif qui les concerne. Rien de la descendance ne vaut sans un bon étalon.

◆ ◆ ◆

Mais dans la forêt voisine de notre tribu, une infime araignée mâle s'applique à tisser un cocon. Il le tendra bientôt à la vigoureuse femelle du buisson voisin. Elle le saisira prestement de ses pattes antérieures négligeant à cet instant ses arrières. Là notre insecte prendra ses aises copulatoires en toute sécurité.

Certains éthologistes pensent que ce rusé jubile. Plus créatif que les mâles d'autres espèces qui gratifient d'une proie réelle leur partenaire dévorante, il a offert un cocon vide. Il ne sera même pas poursuivi, l'araignée possédée se prenant les pattes dans les fils défaits de son cadeau.

Exister ? Il en faudrait des preuves...

Je suis moi, cette pensée où j'existe derrière ma fenêtre avec vue sur le monde. Descartes avait bien vu la chose mais peu mesuré les conséquences de cet enfermement derrière un crâne percé de deux yeux. Je ne me rencontrerai jamais exactement dans cet échange parallèle de regards qui lie les êtres. Il ne me revient que mon image inversée par le miroir. La photographie me remet certes dans le bon sens que connaissent les autres mais je m'y trouve étrange...J'ai également ce corps accessible et amical qui me fait quelques retours plaisants des soins que je lui dispense parfois. Sauf le dos qui me fait toujours mystère. Mais il est difficile de l'associer à mon visage dans une représentation où je pourrais trouver une unité satisfaisante. Se savoir soi est une conscience redoutable qui fragilise.

L'autre me semble mieux construit dans cette unité où je le perçois globalement et que je ne peux concevoir pour moi-même... Mon visage qui me sourit de travers sourit aux autres en tournant le rictus dans l'autre sens.

Ce que je crois moi me demeure inconnu. Je crains que cette apparence que j'offre ne semble bizarre...

Il me faut sûrement l'oublier pour me sentir mieux.

Sécurité, peur et inquiétudes

Depuis l'aube des temps la vie humaine tenait à un fil. Les grands charniers des guerres et des épidémies régulaient l'expansion démographique en conjonction avec une effrayante mortalité infantile. Les contrées regorgeaient de bandits prompts à couper la gorge aux voyageurs. La mer qui ne vous engloutissait pas par naufrage vous livrait aux pirates barbaresques et vous étiez vendus à Alger comme esclaves.

L'assassinat familial et villageois animait les chroniques locales de façon bien plus passionnante qu'aujourd'hui où les enquêtes de Derrick sont notre seul recours pour nous distraire l'après-midi par des crimes de proximité bien léchés.

On ne meurt plus abondamment qu'en automobile. Il demeure bien sûr quelques énergumènes présumés innocents et sains d'esprit qui terrorisent leurs épouses et leurs voisins et que l'on sait d'instinct en mesure de passer à l'acte. Ils finissent d'ailleurs quelquefois par le faire.

Mais nos Sociétés avancées ne savent pas prévenir les violences potentielles et larvées des individus prédestinés. Le violeur, l'incendiaire et l'assassin doivent s'accomplir… Cette menace nous est utile.

La peur est la validation la plus sérieuse de la certitude d'être au monde.

Dès que l'on me poursuit pour me faire un mauvais sort je sais que je suis. Si l'on m'aime, il me demeure par contre un doute sur l'authenticité de cet engagement. Je ne peux autant m'appuyer viscéralement sur l'amour que sur la peur.

Il m'est arrivé de faire l'objet de vraies menaces par des individus crédibles. Rien ne détache autant des états narcissiques où l'on se complait à l'examen de soi… L'éventualité d'une agression physique qui me vise mobilisera ma meilleure intelligence. Mon efficacité ordinaire en sera probablement accrue.

On se plaint aujourd'hui de harcèlements sournois, de diffamations perverses, de persécutions épistolaires, de détournements d'intérêts et de patrimoine. La malfaisance d'autrui nous mine mais n'inspire plus cette peur qui nous faisait détaler, nous cacher, voire anticiper le dénouement en réglant son sort à l'ennemi mortel avant qu'il ne soit parvenu à ses fins.

Il est rare aujourd'hui d'avoir des ennemis suffisants pour nous permettre de concrétiser ce sentiment de peur où nos composantes profondes hormonales et émotionnelles se rassemblent si parfaitement. Nous sommes peu soumis aux risques guerriers ou aux aventures fatales. Quelques pratiques audacieuses sont réservées aux athlètes, voire aux héros fascinés par les prises de risque aventureux qui les mènent aux limites de l'anéantissement. Mais qui s'y aventure ?

Un fond de fantasme est fait de cette violence possible qui pourrait nous atteindre par quelque évènement catastrophique ou par l'effet des intentions agressives d'autrui. La crainte de mourir ainsi était quotidienne pour nos ancêtres. Il y a seulement deux siècles la famine ordinaire des mauvaises années agricoles ou la guerre génocidaire avec nos voisins rendait probable une mort prématurée. La maladie sans remèdes taillait dans les rangs des rescapés.

Où sont ces risques formidables ?

La télévision généreuse nous abreuve de dangers, agressions et crimes par ces images fictives, ou venues de pays à des distances sidérales, que l'on contemple du fauteuil ou du lit sans rien avoir à craindre vraiment. Cette perfusion nous comble de petites émotions.

Il faut aujourd'hui beaucoup de volonté pour devenir effectivement risque-tout, guerrier de fortune ou assassin minutieux lorsque l'on est ainsi nourri de tant de métaphores de la violence…

Mais nous sommes privés de ces moments d'après l'épouvante réellement éprouvée où l'on se retrouve émerveillés et heureux entre survivants…Le virtuel ne comble pas les sens.

Le premier cosmonaute revenu sur terre ou ces conquistadors égarés dans l'effrayante jungle où ils croyaient atteindre l'Eldorado explosaient de bonheur lorsque la mort leur lâchait la main…

Nos jeunesses choyées ont inventé la roulette Russe et la circulation espagnole à contresens sur l'autoroute. Lassé par l'amour et le confort tranquilles l'homme d'action risque sa vie dans des escalades et des navigations à haut risque.

On en voit même encore pris de passion pour la guerre au point de devenir mercenaires de causes douteuses.

Dans notre monde aseptisé l'appareil psychique humain fait à l'origine pour affronter le pire ne rencontre que le passable et les sécurités réglementées. Le stress ressemble parfois à cet encrassement des moteurs puissants que l'on fait hoqueter en ville…

L'arrière petit-fils du poilu ordinaire qui montait au feu souffre d'un mesquin harcèlement bureaucratique… Ce n'est pas une souffrance feinte car tout est relatif en matière humaine.

La confrontation à soi-même est une affaire terrible si nous avons tout le temps pour nous y livrer sans une peur d'autres dangers venus du monde.

La prise de risque fait éclater l'emprisonnement angoissant des miroirs. L'expression : « on va se casser la gueule » traduit bien dans son ambivalence l'importance de l'engagement aventureux qui mena les hominidés, sans carte, ni boussole, ni la moindre assurance, dans les îles les plus isolées et vers l'Amérique par le détroit de Behring glacé… Les plus lucides doutaient même d'avoir Dieu avec eux….

L'homme aime par-dessus tout le jeu dans sa force de l'âge. Ceux d'aujourd'hui sont peu stimulants. Mais vient bientôt le soir de la vie où s'éteint le goût d'être acteur dans le spectacle du monde… L'imaginaire perd ses trajectoires hallucinées. Il devient vain de se faire peur et l'amour se réduit à ses nostalgies.

Derrière le voile ou le volet, on pressent monter une autre menace plus décisive. Faute d'image il faut concevoir le néant après la fin du film du soir. On ne va plus chercher la mort, elle vient. Nul secours par l'espoir ou la peur n'est mobilisable. Le jour qui arrive au terme de l'insomnie est infiniment loin …

Le sommeil du matin apporte un peu de repos. Le saut dans le vide sidéral est pour demain. On va raser machinalement son image dans le miroir.

L'horoscope du premier journal du matin promet le bonheur pour aujourd'hui.

Que devenir ? Sinon vivre cette journée.

Peut-être une longue incarcération sans miroirs permettrait au Moi de mener sa maturation à son terme.

« La prison pour mourir est une fin d'école » écrivait Jean Genet qui nous donna ce magnifique journal du voleur et écrivit sans doute le plus beau poème de langue française qu'est « Le condamné à mort ».

Il faut peut-être avoir vécu dangereusement et avoir subi quelques répressions pour amener les ouvrages de la pensée à leur accomplissement …

La solution perverse

Mais voici que se réveille ma violence d'enfant cruel.

Si l'on ne te tue point, tu peux libérer tes propres instincts farouches par ce retournement sacrificiel de l'horreur. Mettre en scène ses propres angoisses et impossibilités chez cet autre réduit à l'état d'objet est une messe cathartique qui nous expurge de nos démons...

114

Instrumentant la souffrance d'autrui dans la logique irréfutable du rite cruel, je peux enfin devenir Moi en chassant mes craintes et mes doutes.

Le marquis de Sade occupait ainsi ses loisirs en Bastille en s'exerçant à détruire littérairement les créatures de Dieu réduites à l'état de chair à torturer.

Mais cette jouissance jubilatoire du registre pervers où l'être s'accomplit en réduisant l'Autre à son objet n'est pas donnée à tous. Rimbaud et Lautréamont ont tâté de cette frontière. Ce n'étaient que des anges écrivains épanouis dans la seule métaphore des destructions.

Sade a construit une obscure religion qui promenait ses pulsions dans l'horreur imaginaire des supplices. Les enfants que l'on croit innocents s'y complaisent parfois…

Ils sont plus pragmatiques approchant la nature de la vie en détruisant réellement quelques organismes… Chacun d'entre eux cède un jour à la tentation d'arracher les plumes et de casser les pattes. C'est une expérience que la plupart oublient.

Le vrai pervers, demeuré dans cet instant où il fut enfant cruel, touche à la nature de la preuve de sa propre existence en niant celle d'autrui. La nécessité de mutiler et d'humilier n'est pas un jeu, mais une jouissance nécessaire à ses émotions et à la satisfaction de son esprit.

Quelle que soit son intelligence il ne saurait en faire l'économie. Le pervers ne récidive pas, il persiste. On peut en voir de punis, il serait étonnant qu'on puisse en rencontrer de vraiment guéris.

Ce ne sont pas des monstres, cette recherche de savoir extrême sur la douleur que poursuit l'enfant en eux est une voie difficile. Elle n'est pas très éloignée de cette folie paranoïaque qui se veut des persécuteurs implacables pour authentifier sa propre présence ici-bas. Il est bien évident que de telles positions méritent un diagnostic et une surveillance.

Quiconque s'est intéressé à ces mécaniques de l'esprit sait qu'on ne peut les réduire par les compromis ordinaires des gens raisonnables. Ces fous peuvent même être de fort bonne compagnie hors des moments où ils sont pris par leur mode spécifique de satisfaction pulsionnelle.

Comme le chat joueur, le pervers est toujours fasciné par l'objet opportun qui se présente et met son ressort secret en mouvement. Le névrosé serait déçu dans ces circonstances et ferait la fine bouche dans son ambivalence coutumière. Le pervers va organiser son bonheur.

Le pédophile reste sidéré devant l'enfant qu'il a dévoyé…Il connaît l'horreur et l'irréparable de l'acte. Mais il lui faut repasser par ce point par la même compulsion que celle des suicidaires.

Seul l'autiste échappe aux vicissitudes en faisant le choix de ne pas être. Il est là sans être là, sans le handicap de la réalité, le rêve de toute âme. Il ne s'engage ni ne se corrompt.

Est-il heureux ? Connaît-il ces variations d'agrément dans les contrastes qui font que parfois le monde nous devient infiniment aimable ?

Cette petite fille très malade ne voulait pas aller au paradis elle disait : « On doit beaucoup s'y ennuyer, il n'y a que des gentils. »

Cinq histoires cruelles et vraies

Il faisait d'incontestables progrès en ski. Il avait plaisir à contrôler ses nouvelles trajectoires dans le crissement excitant et joyeux des carres sur la neige dure. La vitesse le grisait.

Il n'était plus jeune, cette découverte lui était une résurrection et il se reprenait à admirer les femmes épanouies et fraîches au bord des pistes et même à rechercher leur regard.

C'était un Dimanche après-midi sur une piste rouge peu fréquentée. Il était seul et champion d'une course où il triomphait.

Un petit groupe était arrêté en bordure de forêt.

Les gens lui firent des signes en criant. Il entendit : « La cabane ! La cabane ! ». C'était son nom. Il s'appelait Lacabane. Un immense orgueil l'envahit. On le reconnaissait. Il en ferma presque les yeux pour en ressentir la saveur dense.

Ce bonheur resta inscrit en lui lorsqu'il s'écrasa sur le mur de la petite cabane masquée par un bouquet d'arbres en limite de piste.

Une jeune secouriste demeura troublée, elle reconnaissait un sourire heureux sous le sang dans le visage écrasé.

♦ ♦ ♦

C'étaient trois poules pondeuses. La grise était la plus vigoureuse. Elle interdit bientôt l'entrée du poulailler aux deux rousses qui durent dormir dehors dans un recoin herbeux.

Le maître vit cela lors de sa promenade vespérale.

D'une main ferme il saisit la poule grise par le cou et la jeta dehors. Du pied il poussa les rousses craintives dans le poulailler. Les trois volailles dorment depuis sur le même perchoir.

Bientôt l'une des rousses, curieuse du monde et découvrant l'usage d'ailes courtes mais efficaces pour améliorer les sauts, fut tentée par le potager voisin. Elle y becquetait à qui mieux mieux les tendres pousses. Mais ne sachant pas revenir elle fut surprise par le maître dans un carré de salade qu'elle prenait pour le paradis.

Saisie d'une main ferme elle fut aplatie sur un établi où elle sentit le ciseau qui tranchait les rémiges. Reposée sans ménagement dans l'aire des volatiles elle battit un peu des moignons et sut que la liberté lui était désormais interdite.

La troisième poule avait remarqué la confiscation quotidienne des œufs. Cette frustration répétée l'engagea à entreprendre une grève de la ponte. Les maîtres eurent de longs débats pour identifier la réfractaire bien que leurs soupçons soient déjà un peu orientés. Elle perçut bientôt qu'on l'observait d'une façon nouvelle qui portait une menace imminente. Elle recommença à pondre par prudence.

Le poulailler vit en paix. On ne caquette pas trop haut mais rien ne gâte le plaisir de picorer.

♦ ♦ ♦

Il votait encore mais était lassé des promesses non tenues et des tristes surenchères politiques. Face à son domicile il voyait les panneaux électoraux fleurir à chaque époque de scrutin. Il les compta, il y en avait dix. Son esprit conçut le mot : « Démagogues ». Il en aima la saveur un peu lourde. La nuit venue il descendit avec un large pinceau et un vieux pot de peinture blanche. Il donna à chaque panneau sa lettre qui donnait à l'ensemble une belle unité.

Au matin il était heureux de voir ces gens qui découvraient son œuvre. Peu connaissaient le sens exact du mot dans notre époque de pauvre culture, mais beaucoup d'entre eux se réjouissaient de constater ce qui répondait à leur désillusion intime sur les partis et leurs querelles...

Seuls les représentants des organisations les plus extrêmes furent vraiment fâchés du barbouillage. Ils croyaient sans doute davantage à leurs idées.

♦ ♦ ♦

Il allait voir au petit matin sa petite vigne prête à être vendangée. Au détour du chemin il se trouva nez à nez avec une camionnette chargée de raisin. Il sut d'instinct que c'était le sien. Les deux voleurs saisirent instantanément qu'ils avaient le propriétaire face à eux. La guerre n'eut pas lieu. Il les remercia d'avoir vendangé pour lui avec une belle diligence nocturne. Il s'installa entre eux dans le véhicule et ils allèrent à la coopérative. On leur reprocha quelques raisins trop verts et des feuilles. L'ami prétexta quelque urgence qui avait engagé à la hâte.

C'était un homme rigoureux, il paya régulièrement les quelques kilomètres de transport aux voleurs devenus de bons compagnons.

Nul n'apprit l'histoire dans le village, mais notre ami en rit encore.

◆ ◆ ◆

C'était une vraie bonne fille un peu simple qui savait ce qu'elle voyait mais n'avait pas d'aptitude à imaginer les choses cachées. Elle s'était mariée avec un soldat de métier et tenait proprement sa maison. Elle fut bientôt enceinte. L'homme dut partir en campagne lointaine pour soutenir les intérêts du pays face à quelque ennemi de circonstance.

Un voisin malicieux et célibataire voyant l'état de la dame et sa naïveté l'apostropha :

- *Votre mari est parti bien vite et vous a laissée en peine avec un enfant qu'il avait peu fini... A votre place j'aurais quelque inquiétude quant à l'achèvement des oreilles. Mais il est encore facile de remédier à cela.*

L'individu avait lu une histoire de ce goût chez un chroniqueur du Moyen Age. Il pensait plaisanter. Mais l'innocence de l'épouse était troublée. Elle savait qu'il fallait finir toutes les tâches domestiques pour que les choses soient en ordre. Peut-être éprouvait-elle aussi un besoin de réconfort intime. Elle demanda au voisin complaisant s'il avait des compétences en oreilles enfantines. Il répondit que ce n'était qu'un petit travail sans difficulté auquel il pourrait s'appliquer. Cela fut fait sans complaisance pour le seul souci de l'ordre des choses l'après-midi suivant.

La dame n'en demanda pas davantage. Le mari est revenu. Un petit enfant trotte. Il a les oreilles décollées comme l'ingénieux voisin. Tout le monde est heureux.

Dispersion

Ce n'était qu'un professeur de latin et de grec désabusé. Il enseignait également le Français comme une langue morte selon l'usage convenu.

Par cette étrange osmose entre les êtres, je sentais qu'il se survivait en préservant quelques apparences. Il n'était ni sot, ni dépassé, ni ailleurs.

Ce qui émanait de lui était plutôt une forme de résignation fataliste qui peut affecter ceux que l'on assigne à des tâches que chacun sait vaines mais dont il est de bon goût de faire l'éloge.

Il aurait peut-être aimé avoir des élèves attentifs et curieux.

Déjà, en ces temps il était peu réaliste de vouloir inculquer de façon paisible et égalitaire certaines subtilités culturelles à tous.

Les élèves n'étaient pas sots.

Leurs appétits se dispersaient seulement dans des goûts plus concrets, immédiats, voire futiles.

Ce professeur de lettres d'antan disait souvent : « Je ne suis rien, mais je représente ici quatre mille ans de culture humaine… ». Il était d'une modestie extrême.

Tous s'en foutaient du haut de leurs onze ans.

J'avais eu cette malchance de savoir lire tôt qui propulse certains enfants de façon prématurée dans le monde des idées où l'on ne rencontre en général pas grand monde.

Cela me donnait une aisance qui me permettait d'avoir l'esprit libre.

Comprendre vite laisse de précieux moments à une pratique raffinée de la paresse et d'autres aux curiosités de l'esprit.

J'écoutais de temps en temps.

Ce que je découvrais des Latins me les rendait familiers, au moins autant, si ce n'est davantage, que le monde de mon entourage. Il y avait peu chez eux de relâchement de la pensée et du langage. La richesse des constructions imaginaires gagnait à cette rigueur d'écriture peu courante dans notre pratique quotidienne actuelle.

L'année passa.

Il me semblait que ce professeur m'aimait bien, son regard sur moi traduisait quelque chose comme une certaine complicité amusée entre gens qui ne savent pas ce qu'ils font là.

Le brave homme semblait à l'abri des excès et des transgressions.

Une certaine forme de transparence lui évitait même de bénéficier de l'un de ces surnoms peu flatteurs dont les potaches savaient habiller leurs enseignants de façon tellement exacte et personnalisée.

Jusqu'à ce jour de Juin où nous annonçant son départ à la retraite, nous le vîmes se mettre étrangement en mouvement.

Descendant prestement de l'estrade, il ouvrit son armoire et se mit à en lancer le contenu dans la salle. En jubilant. Cette transfiguration magnifique le rendait grand. Nous restâmes un instant sidérés.

Puis la classe s'anima dans ce jeu nouveau de la dispersion spatiale d'une terne vie de culture classique.

Des cancres aux longs bras sautaient pour saisir au vol César, Tacite et Cicéron en poussant des cris de joie. C'était un moment merveilleux d'hystérie collective...

Le Surveillant Général, attiré par le chahut, a passé sa tête dans l'embrasure de la porte.

Le maître goguenard lançait alors les lourds dictionnaires visant certains élèves, sans doute pas vraiment par hasard.

Il énonça :
- *Nous faisons de la pédagogie active !*

La porte se referma pudiquement.

A la fin de l'heure j'ai ramassé au sol quelques fragments épars de culture humaine. Ma taille insuffisante m'avait exclu du meilleur de la phase aérienne. Un gaillard vigoureux avait toujours pris l'avantage.

Un large pied posé sur le petit Virgile qui me tentait, assorti d'un regard menaçant, m'avait enlevé tout espoir de participer modestement à la curée.

Durant le cours suivant j'ai retiré du cartable béant et quasi vide de l'analphabète qui me voisinait un petit ouvrage des pensées de Marc Aurèle. Il ne s'en rendit même pas compte.

J'ai conservé longtemps cette relique de mes humanités.

Le temps passant, cet épisode scolaire a pris de l'étoffe par quelques associations secrètes.

Je me suis souvenu plus précisément de ce que disait parfois cet enseignant auquel le temps a donné une précieuse patine humaine.
- Vous êtes là pour être des meneurs d'hommes...

Propos curieux. L'homme aurait-il besoin d'être mené ? Cela s'appliquerait davantage aux animaux...

Quel était le rôle qui allait nous être imparti à nous, futurs bacheliers ? Ce n'était pas encore un droit commun mais une promotion réservée à ceux qui manifestaient un goût de l'effort souvent ardu à saisir l'origine et la nature des choses et des phénomènes.

Ce professeur ne démissionnait pas, mais il avait un air déjà lointain, annonciateur d'un déclin inéluctable qui allait bien au delà du sien.

Reste ce maître qui a su faire voler les livres pour les faire advenir là où ils n'avaient plus de destin. Il est devenu le mien.

L'universel s'approche parfois dans ces dispersions qui font germer les graines où ce serait improbable.

Dans ces circonstances extrêmes qui permettent de reconnaître la dimension des hommes, il avait osé pendant quelques instants prendre la sienne.

Juste avant de se retirer.

Rome elle-même dispersée aux quatre vents, que restait-il à défendre d'une grandeur ou d'une fonction ?

Mais j'avais vu un instant un professeur heureux.

La dernière leçon. Conte de Noël

Le maître avait peu de temps, il portait déjà son regard vers un autre rivage. Il nous fit asseoir autour de lui de la façon la plus proche possible, mais sans que l'on en soit gênés. Puis il écrivit prestement au tableau : « Ni Dieu, ni maître » et il parla :

« Le bonheur n'est pas notre propos. Il relève des plaisirs et des craintes des vagabondages animaux. Nous sommes des êtres de savoir. Il nous faut d'abord considérer les faits et y acquérir une connaissance. Toute chose et tout évènement doivent avoir leurs lois, nous devons forger nos pratiques à cela et perfectionner nos compétences en maints domaines, cette exactitude nous donnera la pertinence permettant de dominer chaque matière.

Mais savoir n'est pas tout, la science ne doit s'appliquer qu'à propos. Toute action doit venir au moment voulu et prendre la forme qui la rendra efficace pour ses fins sans causer de dommage à quiconque. Rien ne sert d'avoir raison hors du temps où cela saura s'entendre. C'est par patience, intelligence et habileté que nous serons opportuns. Sinon nous ne saurons que créer de nouveaux désordres. Ne soyons jamais seul. En toute affaire l'avis et l'intérêt d'autrui doivent être pris en considération. Chacun connaît le droit qui lui revient et celui dont il abuse lorsqu'il se laisse vagabonder à son désir et ses instincts. Nul ne peut se prétendre innocent et sans connaissance en cette matière...

Prenons du temps à faire alliance, cela apportera la paix aux esprits. Mais n'allons pas au-delà de ce qui est équitable dans les échanges. L'excès et le manque dénaturent le don qui crée les liens... Soyons fermes dans les contrats, il n'y a nulle innocence en l'homme. Toute faiblesse qu'il constate l'engage à tirer profit. L'enfant est déjà malicieux.

Il advient parfois que l'on ne puisse être ni pertinent, ni opportun, ni équitable avec des hommes de passion et de peu de foi. Aucune parole sage ne convient là. Seule la ruse peut alors faire brèche dans l'impossible. Il faut alors faire cela avec une élégance légère qui nous place au-dessus de la force et des obstinations. Le détour malicieux saura même faire sourire les parties qui devront convenir de sa justesse...

Il adviendra aussi que vous ayez ces chagrins et ces terreurs d'enfants découvrant leur précarité, la violence du monde et l'improbabilité de l'amour. Il adviendra aussi que vous soyez cruellement trahis par ceux qui vous sont devenus chers. N'allez pas vous plaindre à tout vent. N'attendez pas trop du secours des systèmes. Ils sont trop pris par leur fonctionnement pour avoir souci de la justice. Il y a deux pierres en haut de la colline. Asseyez-vous sur la plus petite et adressez-vous à l'autre, je serai là. »

Le maître nous demanda de fermer les yeux pour conserver ses paroles en nous. Quelques minutes passèrent. Nous regardâmes ; il avait disparu. J'étais le plus petit des disciples, j'ai senti que je portais en moi cette étrangeté de l'Autre dont je ne sais si elle m'est cadeau ou charge…. Il allait me falloir trouver des mots justes. La lune se levait. J'étais heureux. J'étais libre. Je suis rentré seul au village.

Noël 2009

Carpe Diem

Il ne s'agit que de cueillir avec délicatesse le jour dans son immanence. Il n'y a là ni quête ni concept, peut-être même pas d'intention. Ce n'est pas non plus une matérialité définie où quelque plaisir raffiné ou vulgaire ferait argument.

Calculs, prévisions, volonté, détachement ou idéalisme ne trament rien dans cet instant où le bonheur se ressent. L'énoncer serait même en trahir la nature.

Les circonstances importent peu. Il peut fuir sans cesse lorsqu'on le cherche dans quelque paradis et apparaître dans les misères ou même au fond de quelque prison.

Les nouvelles du monde ou de la Cité ne l'apportent pas plus que ces lois sans cesse meilleures qu'on nous dispense pour notre bien commun.

Mais ce signe d'amour qui nous vient d'un proche ou d'un étranger met en mouvement ce ressort du bonheur. Il voltige alors, irisé comme ces bulles de savon que la réalité emporte un instant avant qu'elles n'éclatent.

Que passe un sourire, un vin partagé, une parole, une musique, une odeur ou un silence de qualité, et l'état heureux nous saisit comme elle prend ces enfants qui sautent sans transition des larmes les plus cruelles au rire fou.

Un bourreau qui aurait eu un soin parfait de la qualité du cognac et de l'arôme du dernier cigare pourrait conduire son condamné à un dernier instant de bonheur qui ferait un excellent viatique.

Nous sommes une espèce où l'on prend peu soin les uns des autres. Nos cousins arboricoles, moins pressés par les exigences d'un monde productif et consommateur, consacrent un temps suffisant à l'épouillage mutuel. Cette attention engendre probablement un bonheur réciproque qu'il nous est difficile d'imaginer. Certains humains avouent pourtant que leur pratique amoureuse préférée est de se faire gratter le dos. La qualité du moment atteindrait la perfection si quelque partenaire insouciant venait en toute simplicité me chercher des poux, au sens pris à la lettre, ou me presser affectueusement les comédons. Quelques petites joies rendent content d'hier avec l'envie d'aller vers demain

Le bonheur ? C'est celui du tout petit enfant qui se sait un instant en de bonnes mains. Il goûte cette perfection entre les angoisses et les colères que lui inspire le déphasage de ses attentes dans une réalité qui lui échappe.

Le bonheur, c'est ce miel que chacun se fait en butinant aux fantaisies et aux désirs des autres. La paix vient là mine de rien sans effort d'intention par une logique qui lui appartient et qu'il est vain de vouloir connaître. Peu de biens et de mots sont nécessaires. L'instant aimable se passe de promesses, de justifications et d'argument. Peut-être n'est-ce que cette reconnaissance d'un corps qui renonce à ses tensions en se sentant conduit où il espérait...

Dans ce parcours étrange de chacun dans sa quête au cœur de l'imaginaire qu'est le bonheur il faut suivre Giono dans ses collines de Haute Provence.

Ce qu'il nous en dit laisse ouverte la question et l'énigme :

« Il n'y a pas de grade au bonheur ; je peux être parfaitement heureux au milieu de cette végétation torturée et de cette aridité presque céleste. Je pourrais donc jouir du plus vif bonheur au sein de la lâcheté, du déshonneur et même de la cruauté ». Cela veut simplement dire que le bonheur n'a ni mérite, ni mesure...

Ses héros, que ce soit Angelo le hussard, ou Langlois, le roi sans divertissement, n'étaient ni lâches, ni sans honneur, mais dans cette relativité où le destin aveugle conduit l'homme selon ses fins. Aux moments où il relâche son emprise le bonheur est cette communion étrange avec l'Universel. La matérialité hasardeuse que nous vivons s'y dissout. Le bonheur ultime est cet instant du passage dans l'au-delà...

Socrate but ainsi sa ciguë et Langlois fuma son bâton de dynamite...

Épilogue

Voici nos temps modernes sans Charlot où tout serait possible pour tous... Mon coach, renforçateur du Moi conscient me l'affirme, mon élu local (de « Gauche ») en semble certain et ne doute pas de sa réélection. Mes enfants et leurs amis, élevés pourtant dans la facilité, commencent à en douter un peu. Tous les marchands du monde veulent me vendre la santé, la prospérité et les objets de mon désir dont la résultante ultime serait le bonheur...

Heureux ? Me suggère mon psychanalyste... Allongez-vous un peu là que l'on entende ceci...

Heureux ? Me dit mon cousin paysan... Va donc voir si le bonheur est dans le pré... Mais personne ne veut plus le faucher. Tu risques de ne pas voir grand-chose.

J'ai pris la faux, j'ai fauché le pré. J'avais appris jadis l'usage de l'objet de mon grand-père. Le moment était beau. J'ai bu l'eau fraîche du porron de terre. Le bonheur était là, dans ce temps pris. Il était raisonnable de ne plus désespérer. Il m'est alors revenu à l'esprit cette pensée de Musset : Les deux grands secrets du bonheur ; l'oubli et le plaisir.

Au-delà de la beauté du mot, il faut aller au sens. L'oubli en question ne saurait être que celui de soi... Le plaisir est sans nul doute celui d'être pris dans son œuvre... Un vieil artisan ébéniste fut convié à exposer quelques pièces de son art. Il refusa farouchement d'être présent et signifia que l'intéressant n'était pas lui-même mais son travail qui effectivement valait la peine d'être vu. Quant à expliquer au badaud les ressorts de l'œuvre, cela n'avait pas de sens. Le métier n'avait plus d'apprentis...

Notre temps est celui du désir fou qui saisit et rejette du même mouvement. Tantôt excité, tantôt dépressif le Moi ne sait où se poser. Le tout petit, marchant à peine, soutient par ses caprices ses moindres dévolus. Comme on consent à ses désirs, il les surévalue et ne va cesser de tenter l'abus. En Ecole Maternelle on ne termine plus méticuleusement les coloriages. En toute circonstance d'étude ou de besogne chacun est à côté de sa tâche et porte son esprit ailleurs. Qu'une exigence soit posée et surgissent plaintes et récriminations…

Je visitais un jour un Etablissement accueillant des adolescents placés pour troubles sévères du comportement. Dans l'une des classe je vis à mon grand étonnement des jeunes appliqués alors qu'ailleurs les limites du chahut raisonnable étaient largement franchies. Les activités précises étaient assignées sans qu'il soit permis de ne déroger d'aucune manière. Une fermeté bienveillante saisissait toute tentative d'échappée. Les progrès étaient relevés du regard dès leurs prémisses. Il fallait souvent recommencer ce qui dérivait vers la médiocrité…Parfois une innovation, une découverte, une idée, donnaient lieu à une mise en commun sereine et exemplaire.

Les esprits semblaient se discipliner dans ce cadre où finir une tâche n'était pas de pure forme. Un apaisement et même un plaisir collectif marquaient la fin de la séquence pédagogique… Comment le monde peut-il devenir moins fou chez les enfants fous ?

Ce mystère s'éclaircit un peu lorsque l'enseignant me fit part de ses études supérieures en psychologie animale. Le tigre lui-même, si on le rassure et que l'on exige fermement de lui, devient fort convenable et respectueux. On peut même penser qu'il tombe en affection pour qui prend le soin de ce dressage. Mais gare à qui le déçoit par quelque faiblesse et vient par là gâter son illusoire bonheur félin !

Le psychiatre de l'Etablissement m'affirma que la pratique pédagogique surprenante n'avait rien de névrotique. Mais sa distorsion avec la faible règle ordinaire de l'établissement allait probablement avoir un effet névrosant sur ces jeunes. « Dieu merci ! », ajouta t'il. Et nous éclatâmes d'un vrai rire heureux.

On clame partout cet étrange postulat de : « Je désire donc je suis ! » dans la certitude du meilleur droit au tout pour tous, sans concevoir la nécessité de limites. Dans cette classe on se pensait peu mais les signes donnaient à croire que l'on pensait ce qui aurait ravi Descartes. Le bonheur est peut-être dans le pré bien fauché entouré d'une excellente clôture. On ne file pas aisément de là, bien qu'on puise y prendre ses aises ; la sieste y demeure même possible.

Postface de Florian Sala

Florian Sala est professeur en management des ressources humaines et directeur scientifique du programme MSc in HRM.
Il intervient à SKEMA et SKEMA EXECUTIVE dans les domaines du Management opérationnel des Hommes et des équipes, du management des risques psychosociaux, de la psychologie sociale, de la psychologie des groupes, du coaching et de la psychanalyse appliquée au management.
Il est professeur permanent de SKEMA depuis 1986. Il a écrit et dirigé quatre ouvrages et de nombreux articles sur ses expériences professionnelles. Ce chercheur éclectique partage son temps entre l'enseignement, la recherche, le conseil aux entreprises et la psychothérapie psychanalytique pour dirigeants, cadres et étudiants en école de commerce et d'ingénieurs.

Un premier Mai porte bonheur...

Florian Sala et Georges Botet Pradeilles

Cher Florian, je viens de terminer un travail qui me mobilise épisodiquement depuis cinq ans ce qui donne « Nouveaux propos sur le bonheur » inspirés par la lecture des « Propos sur le bonheur » d'Alain durant l'une de mes valeureuses préhistoires. Je t'envoie le pré manuscrit. Pour un échange de liberté d'esprit. S'il te vient une postface inspirée de psychanalyste j'aurais grand plaisir à l'adjoindre pour une parfaite édification des lecteurs.
Il faut aussi que cette tâche te donne quelque plaisir.
J'ai déjà considéré ta version du bonheur : « perdre la mémoire et garder le sens de l'humour... ». Je l'aime bien. Sans l'humour comment traverser la vérité ? Elle est proche de celle de Gide qui s'adonnait parfois à l'oubli. Alain nous disait aussi qu'une telle formule sauvait l'âme des poilus de la Grande Guerre qui puisaient là leur bien mourir pour la patrie....

Un peu de temps plus tard...

Levé tôt un premier Mai j'ai saisi ton amicale postface pour une lecture au café qui est la meilleure qui soit... Merci pour ton opportunité de professeur devenu volant [1] après avoir été quelquefois pourfendu. Soutiendras tu aux quatre horizons que la psychanalyse ne s'objective ni par études, ni par mariages ? Ni peut-être en aucune façon... Naître, mourir, voire copuler, échapperont éternellement à la raison. Merci

127

Freud, n'en déplaise à Onfray [2]... Les gens payent certes cher pour ne pas savoir me disait une consultante...

L'affaire est pourtant fructueuse... Epouser plus collant ou corrosif que sa mère ou plus réducteur ou absent que son père amène à cette jouissance qui nous tient en haleine... On peut également découvrir le plaisir paisible lors d'une longue peine carcérale où le lieu aurait une assez bonne bibliothèque. Plus audacieux on peut découvrir l'émerveillement du petit matin après un cambriolage réussi...

Toute conscience bien intentionnée tue cette jubilation qu'apporte le signifiant pur dans son émergence nue issue du fantasme...Une vraie jouissance de psychanalyste, avant de servir le maître, l'universitaire ou l'hystérique qu'il faut bien mener en ville pour la pitance et la gloire. La conscience ne saurait accoucher que de symptômes.

Le bonheur ? On s'en fout comme concept ! C'est seulement cette sensation Proustienne au passage du mot. L'énonciation ? C'est la lévitation du corps par la métaphore.

Tu vois les belles associations que me révèlent la lecture de ton texte... Je le relirai une dernière fois avant de le poser exactement sur ces propos que l'on va mettre peut-être un jour sous reliure.

Entre la chance de vie qu'offre la femme, toujours attentive à la nidification et au nourrissage, voire même à l'historicisation post mortem dans le symbolisme des liens, et l'irréfutable postulat que tu énonces: « La vie veut mourir », qui menait jadis le principe masculin au sacré dominant garant d'un « au-delà », Il faut se redéfinir une nouvelle place humaine tenable. Nous allons vers de nouveaux temps. L'art hystérique de gâter les objets dès que tenus et la feinte obsessionnelle de faire semblant de ne pas être là nous tiennent sut l'arrête de la vague roulante du développement. Ferons nous d'excellents fossiles dans notre strate minérale stabilisée ou La Parole va-t-elle converger pour que Babel devienne la cité du Verbe triomphant ? Socrate l'avait rêvé. Teilhard de Chardin y croyait.

Seul le diable (en son temps) s'autorisait à interroger directement le désir. Il le faisait en Italien par ce « che vuoi ? » bien moins innocent dans cette langue (C'est Lacan lui-même qui le disait) que le français qui dirait probablement « cosa vuoi ? ». Le sujet était le bonheur. Je l'ai laissé papillonner comme il se doit. Il faut bien que cela se clôture. Cette postface suivra le bonheur partout comme son ombre.

1. Florian Sala se déplaçait entre Lille, Raleigh et Suzhou (Chine)
2. Qui écrivit récemment Le crépuscule d'une idole ou l'affabulation Freudienne...

Le bonheur est-il encore une affaire de famille ?

1. *Le bonheur n'est pas une idée soutenable dans l'affirmation d'une préexistence.*

Une postface n'est ni une évaluation ni une conclusion mais un commentaire à la fin d'un livre. Choisi et souhaité par l'auteur du présent ouvrage, le 'postfacier' se doit donc d'être amical et quelque peu solidaire dans ses propos sur le sujet. Tous deux ont à considérer de concert dans la famille, l'entreprise, le milieu social, les nouvelles religions du bonheur et du bien-être faites –dit-on- de davantage de prise de conscience, davantage de pouvoir d'achat, davantage de commodités, de conforts et de plaisir…

Peut-on être dans la souffrance ou heureux de part et d'autre d'une ligne de démarcation qui nous serait imposée par quelque obscur déterminisme social ou volonté d'autrui malveillante ou bienveillante ? Il faut se rendre à l'évidence qu'un mur possède toujours deux parois. D'un côté de celui-ci, le sombre et le carcéral, nous trouvons la maladie qui corrode l'esprit et son corollaire possible la guérison, qui étaient pour Freud essentiellement le résultat d'une décision inconsciente. De l'autre côté du mur, un peu plus tôt dans le temps, Voltaire scandait avec une audacieuse ironie sa décision volontaire d'être heureux « parce que c'est bon pour la santé. »

Aller bien demande d'un côté cette acceptation finale de tout ce qui nous rend malade par le jeu des frustrations et des contraintes propres au triste état humain de souffrance névrotique. Parmi maintes thérapies la psychanalyse Freudienne pourvoirait -in fine- à une libération conditionnelle… De l'autre côté, dans l'indépendance d'esprit Voltairienne, il suffit de faire le choix de la santé…

Pour Freud et Voltaire il y a peu à attendre de la famille, des organisations et de la société…

Etaient-ils fous ou décalés, ces deux las d'attendre du ciel, d'autrui ou d'un progrès décisif de l'humanité, un bonheur possible offert de leur côté de mur respectif ? La limite entre le 'fou' et un sujet 'décalé' est souvent très ténue. Le signifiant « bonheur » pourrait ainsi être considéré de manière métaphorique ou allégorique comme une déci-sion individuelle légèrement 'décalée' consciente et indépendante de celles des autres membres de la famille humaine. Cela pousse les amou-reux s'évadant dans leur alliance improbable à devenir des parents, à pren-dre des risques (celui de donner à vivre donc à mourir par exemple).

Cette sortie du doute et de la souffrance par des processus inconscients issue de leur histoire personnelle et familiale amène à une décision « heureuse » jugée par l'environnement comme naturelle pour certains et un peu 'folle' pour d'autres. Ce premier bonheur transcende la réalité et fait mariage...

L'entreprise familiale visant au bonheur est faite de projection et d'illusion par cette assomption des amoureux, 'futurs parents' à la recherche d'un deuxième bonheur, après celui de l'irrésistible parade amoureuse. Ce qui se joue, ou peut se jouer, dans les fantasmes de chacun/e quant à l'idée de famille et de bonheur familial relève, selon nous et l'auteur du livre que vous venez d'achever, d'une formidable contradiction dont il faut assumer la perpétuelle mutation par les audaces jubilatoires de l'intelligence.

Le bonheur émergent doit s'établir dans un état libre au-delà du transitoire. Comment peut-il se constituer ? Au nom de quelle autorité, de quel savoir parental ?

Est-il du côté du père ou de la mère ? Quelle entreprise du père est ici en question ? Quelle emprise légitime la mère met-elle en avant ? A quelle 'vérité' psychique historique correspond le bonheur recherché, tant désiré et enfin supposément obtenu par le lecteur que vous êtes, devenus pour un temps analystes de votre propre destin ? Faut-il se taire pour entendre monter le doute qui altère l'essence du moment ? Faut-il écouter et lire ici ou ailleurs ce qui pourrait nous faire leçon rassurante ?

La question du bonheur se pose d'abord à ses père et mère ...

2. *Le père est supposé savoir mais ne sait pas ce qu'il veut*

La littérature générale sur la fonction paternelle est imposante comme sa place de sujet supposé savoir. Insister sur le signifiant 'supposé savoir' relève déjà d'une légère provocation car le père traditionnel s'est surtout penché sur la formation et la carrière de ses fils plutôt que sur celles de ses filles tout au moins en ce qui devait aboutir nécessairement à un bon emploi, bien valorisé et bien rémunéré. Pour les filles du père, les alternatives étaient traditionnellement plus réduites, les choix d'une formation littéraire ou économique pour gérer la maison étaient de toute façon toujours les plus valorisés, tous ces préparatifs n'ayant qu'un sens, celui du mariage des filles, du meilleur mariage possible évidemment. Nous devons reconnaître ici que tout a bien marché comme cela dans le meilleur des mondes possibles pendant très longtemps mais que, depuis quelques décennies, la donne générale sur ce sujet s'est profondément modifiée. Sans épouser les positions féministes le monde social manifeste est profondément changé par l'arrivée des femmes.

Vouloir le bonheur de ses enfants par la situation des garçons ou le mariage des filles n'est plus de mise...Faute du désir du père il faudra que chacun s'attache à la quête de son propre bonheur... Peu bénéficient comme Hugo d'un père magnifique général Napoléonien : « Mon père ce héros au sourire si doux... » pour les inscrire dans une indiscutable confiance donnant le bonheur d'être.

Les enfants sont le résultat concret ou imaginaire des désirs parentaux, ils ne sont que des objets de jouissance « agis » dans une histoire familiale qui, peu ou prou, n'est pas la leur.

Il nous faut ici revenir sur les questions traditionnelles posées par la psychanalyse, en particulier celles concernant l'Œdipe et les relations œdipiennes. Le désir se partage peu et les objets d'amour sont exclusifs. Il y a là des modalités inconscientes dont la maîtrise nous échappe. On se trompe toujours quant à la réalité et à la signification de la nature de nos relations. Le mensonge est inclus dans la vérité et inversement. Qui peut prétendre savoir ce que désire son père... Il est douteux que ce soit le bonheur du fils ou de la fille, ce serait plutôt quelque fantasme occulte gérant sa propre réalisation même posthume. Nous sommes donc condamnés à l'incertitude névrotique qui nous assigne aux surenchères hystériques ou aux rituels obsessionnels d'attente...

L'enfance, sujet vaste et complexe, est cependant une période de la vie heureuse bien que souvent tumultueuse. Les parents sont trop ou pas assez attentionnés, ils sont terribles ou impuissants. La pureté des enfants rêvée par l'adulte est aussi vite égratignée par la réalité des milieux de vie et par leurs expériences innocentes, perverses et partagées dont Freud relevait les malices transgressives. Les curiosités sexuelles faisant l'objet de théories avancées font encore scandale dans notre angélisme puritain... La structure psychique de l'enfant est plus proche d'une perversité polymorphe que d'une douce innocence. C'est la première leçon de Freud. Le sexe ne nous devient problématique qu'après cette période dite de « latence » où notre libido est contrainte à s'asseoir sur les durs bancs d'école...

Mais nous voici déjà en famille, elle s'élargit à un groupe humain. Elle se construit. Chacun comme enfant, parent, éducateur, formateur, travailleur, chômeur, handicapé est élément et symptôme. Chacun désigne l'autre dans sa fonction symptomatique spécifique. La famille humaine est un point d'intersection, une rencontre immanquable, où s'entrecroisent les fils et les filles du réseau formé par leurs semblables. Les sociétés archaïques avaient un système de signifiants qui situait chacun dans un ordre préétabli rituel et symbolique. Dans le monde d'aujourd'hui, la famille devenue 'sujet' n'a guère d'autre choix que d'être un lieu d'échange de symptômes, malgré les apparences que l'on entretient à grand coût et les discours raisonnables de la gestion ou de la science. Peut-elle se connaître mieux afin de se délivrer dans la circularité des discours internes d'une 'maladie' dont elle prétend se libérer ?

Cette curieuse 'maladie' peut prendre toutes les figures, mais elle se réduit le plus souvent à ce qu'il est convenu d'appeler une névrose familiale. Pris dans un système familial, le père est assigné à son corps défendant à la position symbolique clé, par la tradition irrépressible qui le « phallicisait » jadis pour mieux le castrer aujourd'hui. Il cherchera à mieux comprendre le rôle qui lui a été dévolu bien sûr à s'en échapper coûte que coûte (et par toutes les voies possibles) pour sauver sa subjectivité.

Pris dans ces déterminismes forts, le père devient souvent conscient et souffre de ne pouvoir s'en sortir. Il ne sait pas ce qu'il veut, il a peur de rester enfermé dans la famille, dans un scénario construit par d'autres, les grands-parents en général, dont il n'est que le pâle acteur. La pièce est jouée d'avance. L'acteur ne peut rien improviser ou si peu, il doit réaliser, agir les fantasmes du compositeur, des créateurs. Bien sûr, il peut résister, donner son avis, suggérer quelques modifications dans le temps ou dans l'espace, proposer des changements de costumes ou d'époques, exister un peu par lui-même, mais rien de plus. Ce n'est pas tant au changement que le père résiste, mais au fait qu'on veuille le changer. Les pères absents, effacés, lointains, foisonnent.

Plus de père terrible, à vrai dire, mais plutôt des pères qui n'en sont pas ou qui se sentent peu ou pas concernés par leur statut et par leur rôle qu'ils ont bien du mal à tenir. C'est surtout l'impuissance des pères (mis en cause dans leur statut d'autorité) et les dépressions des mères (tentant et échouant finalement à surcompenser leur servilité statutaire) qui ont dominé les deux dernières décennies. Pères 'impuissants', sans corps véritables, sans ossatures, confrontés à des mères 'dépressives', toutes puissantes et 'castratrices' dans l'exacerbation fantasmatique de leur fonction, mais désespérément à la recherche d'un second souffle, d'une jeunesse irréversiblement perdue.

L'effacement des pères, leur féminisation, leur culpabilité, leur hystérisation comme seule issue dans notre monde contemporain semble donc bien être une variable psychosociologique intéressante par sa nouvelle constance. Incapables de jouer le rôle qui leur est attribué, il leur arrive de confondre les rôles et de se confondre, mais un peu tard, en excuses. S'ils avaient su... Grandir heureux, c'était peut-être cette fierté que l'on pouvait tirer de la force symbolique du père. Les reliquats des religions monothéistes tentent encore d'en faire la preuve dans leurs dernières exaltations...

Freud, dans ses lettres à Jung, avait déjà pointé au début du siècle le déguisement scénique dissocié du couple parental contemporain, le père dans le reliquat défaillant du rôle de garant du symbolique structurel, la mère dans la poursuite vigoureuse d'étayages imaginaires rattachés à la réalité. Le père symbolique ne sait pas jouer sa fonction de séparateur dans les confusions où l'engagent l'épouse et la mère. Il s'agirait bien, pour ce père, d'être celui qui parvient, avec le consentement préalable (père-fection) qu'il en obtient, à séparer sa femme, la mère de ses enfants, de sa propre mère, c'est-à-dire la grand-mère maternelle de ses enfants (Naouri, 1998). L'orientation du désir se fait par cette loi implicite qui interdit de désirer de façon rétrograde. La castration symbolique signifiée par le père enjoint un rapport à la réalité où tout n'est pas possible... Les névrosés y croient pourtant et conservent pieusement les ambivalences parentales dans l'attente entre amour et haine, les pervers font prestement leur affaire de tout objet qui traîne à leur portée et les psychotiques attendent cet impossible facteur qui apporterait une lettre du père... Le culte actuel du Moi fort et les pères 'en vadrouille ou au ménage', comme l'annonçait Lacan, amène aujourd'hui un peu au-delà de cette distribution des structures entre névrose, psychose et perversion. Chacun dans sa solitude doit se construire dans les surenchères et la fragilité des édifices narcissiques. La cure analytique doit un peu revoir ses repères.

3. *La mère supposée incomplète sait pourtant... et va obstinément au bout de son savoir*

Fonction paternelle, métaphore paternelle, Nom du père, les concepts du côté du père sont nombreux dans le langage psychanalytique. Il n'en est pas de même pour celui de la mère malgré les revendications féministes. Les femmes, devenues mères après un long parcours semé d'embûches, apparaissent en définitive tout à la fois dominatrices, fortes et sans entraves. Il n'y a plus de chef de famille, mais les maîtresses de maison sont bien là.

La vision traditionnelle attribuerait à la fonction paternelle et l'application rigoureuse de l'interdit Œdipien la constitution du 'sujet'. Dans ce travail la mère, les mères, ne jouerait qu'un rôle soit minime soit castrateur. Le lien social pourtant, constitutif de la vie en communauté et de sa continuité, de ce qui fait tenir les hommes et les femmes ensemble, relève pourtant bien de ces mères tout à la fois nécessaires et rejetées.

Elles s'inscrivent souvent dans cette logique d'hygiène perfectionniste matérialiste qui tient les bribes de familles d'où s'est effacée l'autorité masculine, non dans ses agitations qui persistent mais dans cette crédibilité symbolique où le groupe familial, la tribu et le clan faisaient société.

Ecoutons une patiente parler de sa mère : « Jusqu'à la mort de ma grand-mère, elle a essayé de lui prouver qu'elle valait mieux que tous les autres. J'ai l'impression aussi de répéter cela, à mon grand regret. Le professionnel et le marital, ayant échoué, elle a donc reporté tous ses espoirs sur ses enfants. Elle m'a dit quand j'ai eu le baccalauréat D et non C 'tu n'es qu'une poubelle'. J'allais lui prouver le contraire en étant la meilleure de la classe. Ce qui fut dit, fut fait. »

Cette jeune femme ne se reconnaît pas dans le signifiant 'poubelle', le baccalauréat Biologie D n'est pas un déchet, un reste, un préservatif usager. Elle n'a qu'une envie, celle de fuir, loin encore plus loin, ailleurs dans un monde différent, dans un lieu étrange où on ne se rend pas compte de ce que l'on dit. Il faut dire que son histoire personnelle est bien douloureuse et marquée par la mort réelle ou symbolique des hommes, père réel et père éducatif, qui l'ont quittée. Elle n'a pas le choix, elle doit bouger, foncer, détruire, prendre des risques car elle ressent un fort désir de destruction devant tous les hommes, devant un père éducateur (mort suicidé) et un père géniteur 'inconnu' qui s'en est allé. Elle sait, sans trop le reconnaître et le dire, que construire une famille et avoir des enfants, n'est pas immédiatement possible, il lui faut pour cela prendre des risques, s'en aller de l'autre côté, elle aussi, pour se protéger hors de l'impossible creuset originel. Essaimer… Avec les implications qu'a cette prise de distance spécifique.

L'homme père savait tout ce qu'il a à savoir, la femme devenue mère tout autant si ce n'est plus. Faute de pères l'emprise matrilinéaire s'accroît… Selon Naouri (1998) : « La main mise maternelle sur les filles est devenue, ces dernières décennies, si lourde que peu d'entre elles parviennent suffisamment à s'en affranchir. Il n'est pas d'ailleurs nécessaire d'aller chercher plus loin la raison de la désaffection actuelle du mariage, de l'ascension des courbes de divortialité et de la précarité des couples qui s'entêtent cependant à se former. »

Entre ces pères qui ne savent plus ni ce qu'ils veulent ni ce que l'on attend d'eux et ces mères incomplètes avides de complétude, comment l'enfant peut-il donc se connaître et naître à la vie comme 'sujet' de son désir ? L'idée classique et philosophique serait de penser qu'il pourrait, lui au moins, se connaître par lui-même sans plus d'aide ou de soutien. Le 'connais-toi toi-même' si célèbre de Socrate est une boutade qui vient buter de plein fouet devant les remarques de Gide pour qui cette maxime est pernicieuse et laide car, pour lui, quiconque s'observe arrête son développement. Cela est probablement vrai s'il s'agit de s'observer, de se définir et de s'énoncer pour satisfaire ces images parentales qui nous regardent obstinément dans le Surmoi... Mais Gide n'avait-il pas lu Freud ? Ne savait-il pas que la psychanalyse est une théorie de l'infléchissement, du redressement, de l'énonciation sans raison des mouvements spontanés de l'instinctivité enfantine ? L'Idéal du Moi transcende ici et sublime les images parentales introjectées...
On ne dit pas tout, on ne révèle rien, on ne guérit pas davantage dans le dispositif analytique imaginé par Freud, mais ce qui se dit là n'a pas d'autre usage possible qu'intime comme le rêve. C'est le seul lieu au monde où émerge un sens qui n'ait pas à faire preuve. Le désir peut découvrir la paix. Sauf si le témoin silencieux qu'est le psychanalyste, riche de sa seule castration, court faire théorie à l'Université.
Au-delà des familles et des hordes, le bonheur peut-il être autre chose que ce rapport à soi ?

4. *Se tenir au bastingage dans l'embarquement pour Cythère*

Exister ordinairement en famille consiste à changer d'illusion et à haïr les précédentes. Les autres de la famille, après le père et la mère, se succèdent dans les têtes et prennent toutes les formes possibles, depuis les frères et les sœurs, les grands-parents jusqu'aux oncles et tantes en passant par des personnes moins connues mais plus présentes que sont, parfois, les femmes de ménage, les éducatrices, les nourrices, les sans grade et sans place mais qui sont et restent présents dans la mémoire de beaucoup d'enfants devenus grands.
Les suppléants de la fonction paternelle et maternelle jouent très souvent des rôles et occupent des places qui les dépassent puisqu'ils

rencontrent, sans toujours l'avoir voulu, le désir de l'enfant à la recherche désespérée de sens et de précaution, de chaleur et de bonheur. Il y a, comme ça, dans la vie des places 'vides' qui sont remplies par les autres de la famille, de la famille 'élargie' aux grands désarrois des parents, des grands-parents qui les vivent comme des rivaux.

La société n'est pas une famille mais il y a, de nos jours, tout à la fois un délitement de la famille et, dans le même espace, le même temps, une peur d'une mise en danger de celle-ci. Il y a un idéal de la famille, imaginaire, articulé à la représentation du couple. Le pire c'est de créer une famille comme un éteignoir. L'enfant serait seulement la preuve que le couple est un vrai couple : un vrai homme et une vraie femme.

Le discours normatif sur la famille, comme ceux que l'on tient aujourd'hui sur toute chose, semble ignorer qu'il n'y a pas de famille idéale. La famille est au carrefour de l'intime et du politique. Prokhoris signalait en 1998 le danger de ce souci objectif d'organisation correcte qui détruit le sens : « Le père : l'autorité, la mère : tendresse et nourriture, l'enfant : bonnes notes. Quand la famille se vit comme institution, une crise, c'est violent, car on se heurte à un édifice en béton et il s'écroule. Il peut y avoir un totalitarisme familial terrible où on passera sa vie à chercher les différentes étiquettes sous lesquelles se ranger, au lieu de pouvoir inventer des liens et s'inventer soi- même à travers ces liens pour pouvoir vivre. »

A chacun donc son symptôme écrivait à ce sujet un peu avant Melman (1996) : « La participation à la vie de groupe, y compris psychanalytique, puisque c'est là le seul mode social de liaison que nous connaissons, va forcément nous imposer un retour au symptôme. » Ceci signifie que le symptôme est à la base du lien social actuel et cela permet d'expliquer le foisonnement d'associations, à travers la France, pour ne prendre qu'elle, de personnes se regroupant pour énoncer, pour annoncer haut et fort, leur symptôme et leur désir de le partager avec le plus grand nombre (parfois dans des émissions télévisuelles pour grand public). Mais on jouit du symptôme, on ne saurait en tirer vraiment le plaisir qui fait peut-être le bonheur.

Comment rejeter ce retour au symptôme, mais où ? Quel remède a-t-on trouvé ? Pour tenter d'obtenir un minimum de bonheur, il faut chercher sur les marges d'une situation de risque, de débordement, de suractivité. En effet, la famille et le groupe courent et courent encore, de plus en plus vite, à la recherche d'un impératif catégorique, celui de vivre un deuxième bonheur grâce ou malgré les pères (présents ou absents), les mères (souvent dépressives, parfois agressives et psychotiques), les 'autres' de la famille (pas toujours optimistes).

Cette recherche vitale rencontre souvent la résistance, la leur et celle des autres, mais aussi les limites de leur désir. Cette famille hait finalement l'illusion d'un deuxième bonheur. Elle ne sait que lui préférer l'étourdissement. L'emprise paternelle et maternelle sur les 'sujets' en quête de bonheur (tu ne connais pas ton bonheur) restera longtemps dans les esprits des enfants (au petit bonheur, la chance). Le bonheur est confisqué et relégué on ne sait où. Signalons enfin que le soulagement ressenti, au moment de la mort des parents, n'est que rarement l'expression d'une libération suffisante.

Bonne vie à ce livre !

Réf.:

Charles Melman, 1992, Homme sans gravité. Jouir à tout prix : entretiens avec Jean-Pierre Lebrun, Denoël

Prokhoris, 1998, Interview dans le Monde 1998 : « Inventer de nouvelles formes de vie, cela ne veut pas dire qu'il n'y a pas d'ordre »

Naouri, A. (1998) – Une place pour le père, Seuil, Points Essais

À Propos de l'auteur

Georges Botet Pradeilles a une formation psychologique et psychanalytique acquise dans ses différentes fonctions et dans la recherche où il a participé à des travaux universitaires (en collaboration avec le CNRS) dans le domaine « approches opératoires et psychanalytiques des processus cognitifs ». Il a dirigé plusieurs établissements pour adolescents et adultes en difficulté personnelle et sociale et participé durant de nombreuses années à des échanges de pratique avec des psychiatres et psychanalystes. Engagé auprès de coachs, consultants et responsables de formation en RH dans la supervision psychologique des situations et des stratégies, il anime des collectifs de partage d'expérience clinique de l'accompagnement de personnes et de groupes et de formation au management de haut niveau...

Il préside depuis Mai 2009 l'Institut Psychanalyse et Management (site IP&M) qui regroupe des Universitaires coordonnant la recherche en Sciences de Gestion et des Psychanalystes. L'objet de cet Institut est la confrontation souvent déconcertante des sciences de gestion au fait humain dans le cadre d'un débat qui interroge nos Sociétés de manière actuelle de plus en plus pressante. Des colloques nationaux annuels organisés par l'Institut abordent des thèmes comme: « Souci de soi, souci de l'autre et insouciance », « Travail réel, travail virtuel », « Homme, femme, et après… ».

Georges Botet-Pradeilles publie des contributions scientifiques. Il a coordonné récemment un dossier pour la Revue Economique et Sociale Suisse (Lausanne) sur « La psychanalyse face à la crise et à la souffrance au travail »

Il est l'auteur d'essais littéraires et philosophiques s'adressant à tout public intéressé par l'intime de l'individu souvent seul face aux tensions sociales et aux choix de vie (Apologie de la Névrose, Fallait-il tuer Socrate, ou l'assassinat collectif de la vertu…)

Table des matières

142

www.ingramcontent.com/pod-product-compliance
Lightning Source LLC
Chambersburg PA
CBHW070813290326
41931CB00011BB/2207